思考力

外山滋比古

さくら舎

目次◆思考力

I 自分の頭で考える力——答えをいくつ出せるか

知識から思考へ 8
無菌のマウス 10
流水と伏流水 13
矛盾《むじゅん》 16
ごまかしの教養 19
論文を書く力 24
「考える」を考える 28
我流で生きる 32
思考の時代 35
知識の罠《わな》 39

知的メタボ　43

Ⅱ　頭を整理する力——思考しやすくするために

頭の掃除　48
忘却のすすめ　51
スポーツの効用　56
手の散歩、口の散歩　61
歩いて考える　64
体育と理科　66
「借りる」をやめる　70
エスカレーター人間　75
道なきところを行く　79
失敗という財産　83

III　直観的思考力――マイナスだから強くなれる

こどものすごい能力　90
天賦《てんぷ》の才　93
知識のジレンマ　98
学歴社会の落とし穴　103
こども集会所　107
パブリックスクール　110
箱入りこども　115
群れで生きる　119
マイナス経験　122
堂々と負ける　125
人間を成長させるもの　128

Ⅳ 独創は反骨力——だれもやらないから、おもしろい

あぶない敵性語 134
いきなり編集者 139
三足のわらじ 142
留学はしない 146
不惑の惑い 150
反常識の株式投資 154
先手必勝の退職宣言 157
お膳立てをひっくりかえす 163
雨傘園長 168
独断と責任 171
自分の仕事をする 175
我流は停滞知らず 178

思考力

I

自分の頭で考える力

——答えをいくつ出せるか

知識から思考へ

Knowledge is power.《ナレッジ・イズ・パワー》（知識は力なり）

イギリスの哲学者フランシス・ベーコンのことばである。彼はシェイクスピアと同年代の人だから、一六世紀から一七世紀にかけての時期、日本では徳川家康の時代である。パワーとは、もともと馬力《ばりき》のことである。それまでのヨーロッパの社会では、物理的に力の強い者が優遇された。知識に力があるとは、だれも考えていなかった。それをベーコンは、知識にこそ、ものを動かし、ものをつくる力がある、といったのである。これは革命的な価値観の大転換であった。

ところが、それから五十年もたたないうちに、フランス人のデカルトが、知識より「考える」ことのほうが進んでいる、と言い出した。

「われ思う、ゆえにわれあり」

知識だけではなく、自分自身で、それでいいのだろうか、と疑ったり、考えたりすることが大事なのだ、というのである。人間の本質は、ものを考えることにある。知識より一歩先の「思考」にこそ力があるということで、これが科学の世界で実を結ぶことになる。

新しいものを考え出すという意味では、フランスはヨーロッパの中でもっとも進んでいた。

知識を教えるのは簡単だが、思考力というものは、知識のようにうまく教えられない。だから、趨勢《すうせい》としては、依然としてベーコンの「知識は力なり」という考えがいまもつづいている。

それに対し、新しい思考で新しいものをつくりだそうとする力は、まだ例外的な一部の人だけ、世界的な業績を目指すような人たちがもっているにすぎない。

本来、人間は生まれつき、そうとうに高度な思考力をもっている。この思考力をいかに伸ばすかということが、これからの日本にとっては重要な課題になる。その意味でも、いまの学校教育のあり方は、根本的に考えなおさなければならない。

無菌のマウス

いまの日本の社会は、知識を中心に動いている。最大の問題点は、無意味に高学歴化していることだ。知識や理屈《りくつ》だけで判別して、いいものだけでやっていければ、それはすばらしいことだが、人間はそんなに単純にはできていない。

知識とは、いろいろとある雑多なものから抽出した究極の形だから、不純物を含まない。○か×、白か黒しかない。しかし、人間の実際の経験では、白と黒のどちらかわからない、灰色の中から、白ができたり、黒ができたりしているのに、いまの人は経験が乏《とぼ》しいから、はじめからこれは安全、これは危険、これはいい、これはいけない、と善悪を決めてしまう。

悪が絶対だったら、善はありえない。悪から善に移るところで、「なるほど、これがいいことで、これが悪いことか」とわかるのである。それを、出来合いの知識だけに依存していると、どちらかにかたよっていく。経験がないと、そのことに気づかないし、応用もきかない。

実験用のマウスは、完全に無菌の状態で育てられている。食べ物も無菌で安全なものしか与えない。すべてが善で、正しいものばかりであるかのように見える。

通常のネズミは雑菌だらけの中で育っているから、すこしぐらい毒を体内に入れても平気だ。ところが、実験用の無菌マウスは、ほんのわずかな菌が入ってもすぐ発症して死んでしまう。

もっとも安全だと思ったものが、じつはもっとも危険な状態なのだということは、経験でしかわからない。

二十世紀の初頭、アメリカの家庭に石鹸《せっけん》が普及した。それまではかなり不潔だったが、石鹸を使えるような中流の家庭では、清潔さが大事にされるようになった。食事の前やトイレのあとに手洗いが励行され、衛生状態がいちじるしく改善された。

ところが、その後、アメリカでポリオ（小児マヒ）が大流行した。第二次世界大戦中のアメリカ大統領フランクリン・ルーズベルトはポリオで足が不自由であった。

あまり清潔でない家庭に育ったこどもは、さまざまな雑菌に接触しているため、体内に抗体が形成されていて、少々の病原菌には耐えうるだけの抵抗力をもっている。ところが、清潔な家庭では、実験用マウスほどではなくても無抵抗なこどもが育つ。社会から病原菌がゼロになることはありえないから、なにかの拍子に菌に触れると、すぐに発症してしまう。そのため、不潔であった時期よりも、清潔になった時期のほうがポリオの患者が増えてしまった。

しかし、清潔がいけないとはいえないので、ワクチンで防ごうとした。ワクチンの原理は、不活性化させたウィルスを体内に入れることによって抗体をつくり、病気に対抗させようとするものだ。外ですこしずつ雑菌に触れているうちに抵抗力ができる、という仕組みを応用したものである。

いまの家庭は、こどもに知識をもたせることで賢くしたように考える。ところが、知識偏重《へんちょう》の家庭で育ったこどもは、社会の中では、かならずしも望ましい状態とはいえない。

昔にくらべ、個室の勉強部屋をもち、テレビ、パソコン、スマートフォンなど、さまざまな情報獲得《かくとく》の手段もととのっている。経済的にも環境的にも条件はよくなっているはずなのに、精神系の病気にかかったり、ゆがんだ性格になったりする。勉強し、努力すればするほど、無菌状態の危険性が増幅してしまう。

生活の中での経験が不足していると、どうしても知識でものを判断しようとする。明快ではあるけれど、人間の社会はそれでなんでも割りきれるようにはできていない。ときとして、まずいことも生じてくる。

かたよった知識によって善と決めつけたものばかりに頼りすぎることなく、悪いものをなにもかも拒絶することなく、もっと自然を認め、失敗や負けも受けいれて、免疫力《めんえき》をつけておかないと、自分でものを考えることのできない大人になってしまう。そうなってもっとも困るのはだれなのか、を考えてみるべきだろう。

流水と伏流水

知識というものは、いつも変化しながら、流れている。上辺《うわべ》を流れている流水は、ただの流行にすぎない。そのときは、つぎつぎに変化するから興味をひかれるが、いずれはほとんどが消えてしまう。

その知識のごく一部が地面にもぐって、長い時間をかけて地下に到達する。地下にいたって水脈となり、それが三十年ぐらいたって、泉となって地上に湧《わ》き出してきたときには、もとの知とはちがうものになっている。

このようにして、時間をかけて出てきたものは、もはや知識とはいわない。それを英知という。英知とは、知識の上にある理性的な知恵であり、これが人間の文化を形成していく。

歴史にも、同じことがいえる。そのときどきの事実が、そのまま歴史になるわけではない。新聞記事も、そのままでは歴史にはならない。五年、十年たつと、大部分の記事は消えてしまう。しかし、十五年、二十年たってから、すこしずつ問題があらわれることがある。それが三十年ぐらいすると、歴史になるのである。

したがって、「現代史」ということばはあるけれど、現代史そのものはありえない。時間のふるいにかけて、事実が定着したところで、歴史ができる。だから、歴史はいつも事実とのあいだにタイムラグをもっている。

歴史が過去を再現している、ということもありえない。それは歴史家がつくった幻想にすぎない。

流行が悪いというわけではない。目の前の事実や流行がなければ、伏流水や地下水はできない。流れる水も、それなりの時間をかければ、古典となり、不易《ふえき》となる。これが英知、知恵として、われわれに伝わってくる。

流行の知識というものは、その時代、その場で、まもなく消えていくけれど、英知になれば長く残っていく。文学作品も英知を蓄えたものが、古典として残っている。

それをうまくあらわしているのが、ことわざである。

ある事実があったとする。その事実が知識のままでは伝わらず、長いあいだ、人々のあいだを、形を変えながらさまよっているうちに、ある時期にいたって、たとえば「犬も歩けば棒に当たる」というようなひとつの表現になってあらわれてくる。

このときには、知識ではなくなっているから、もはや流れない。十年たっても、二十年たっても、ある程度の意味をもったまま定着する。

それに対し、「犬が棒で打たれてケガをした」という事実があって、それを新聞が記事に書いたとしても、三日もたてば忘れられてしまうだろう。「犬も歩けば棒に当たる」ということわざの形になったときに、はじめて普遍性をもってくるのである。

もっとも、時代が変わると、新しい意味がこめられて、ちがった場面で用いられるようになることもある。

このことわざのもともとの意味は、うろつき歩いたり出しゃばったりするとろくなことはない、というものだった。ところが、いまは、犬だってあちこち歩いていれば、ときにいいことに出くわすことがある、という意味なのだそうだ。ろくでもないことが、いいことに変貌《へんぼう》してしまっている。

なんにしても、時の経過を乗り越えれば、新しいことわざ（知恵）として定着する。現に、辞書でもこの新しい意味を認めている。

矛《む》盾《じゅん》

ことわざの場合、場所や環境によって変化することがある。

たとえば、イギリスにA rolling stone gathers no moss.《ア・ローリング・ストーン・ギャザーズ・ノー・モス》ということわざがある。これを訳して、日本で「転石《てんせき》、苔《こけ》を生ぜず」という。いつでもコロコロ転がっていたら、なにも身につかない、という意味だ。

似た意味で、「石の上にも三年」ともいう。やたら商売替えをしたり、あちこち引っ越したりしていると、なかなか成功しない。ひとつことに専念しろ、ということだ。日本の国歌の「さざれ石」も、苔がむすまで、じっとしているのがよい、という意味である。

ところが、なにごともコロコロと転がってアメリカまで行くと、正反対の意味になるからおもしろい。優秀な人はたえず活動しているので、苔のようなよけいなものがつかず、いつも輝いている、というのである。

アメリカ人からこの解釈を聞いたときには、冗談で言っているかと思った。しかし、前後の脈絡《みゃくらく》から、どうもまじめに、優秀な人のことを「ローリングストーン」と言っているらしいとわかった。

アメリカ人の思考法でいえば、日本の終身雇用のようにひとつところにじっとしていたら、いつまでたっても飛躍は望めない。条件のいいところがあったら、どんどん転職して出世していったほうがいいということで、まったくちがった意味のことわざになってしまった。

苔も、イギリスや日本のように湿度の高い地域では、美しいものであったりするが、アメリカのように乾燥したところでは、不潔な邪魔ものであったりする。同じことわざなのに、背景にある生活経験が異なれば、意味までちがってくる。

われわれの生活の中には、矛盾《むじゅん》したこと、反対のことも、ごく普通に共存している。昔の人は、知識の形を、できるだけ生活の経験に即したものにしていた。それが知恵である。

ことわざにしても、たんなる知識ではない。経験を合わせもっているから、ひとつのことわざがあると、かならずといっていいほど、それと矛盾した意味をもつことわざができる。

たとえば、「三人寄れば文殊《もんじゅ》の知恵」といって、一人より三人いたほうがいい知恵が生まれるといっているかと思えば、「船頭多くして船山に登る」と、知恵ある人がたくさん集まるとなにも決めることができなくなり、とんでもないことになってしまうといったりする。

昔の人は、社会生活の中では矛盾したことが同時に成立するということを、経験から知っていた。ところが、知識偏重のいまの人たちは、そうした矛盾を認めようとしない。ものごとをなんでも単純に割りきろうとする。

知識の量は昔とは比較にならないほど増えているけれど、人間としての判断力は、いたって単純になった。経験を通さず、知識だけで決めつけようとするからで、ことわざの真意もわからなくなってしまう。

ごまかしの教養

高学歴社会では、より多くの知識をもった人が優遇《ゆうぐう》される。そういう人のことを、「教養がある人」という。本などをたくさん読んでいて、いろいろなことを知っている、つまり、「たくさん知識をもっている」という意味である。

知識そのものは役に立たないけれど、それを人よりよけいにもっていると、一種の装飾になる。「教養がある人」といえば、かっこよく聞こえる。

しかし、教養があるとは、いい換えれば、生活体験には欠けている、ということである。たたき上げでものをつくったり、商売したりする人は、教養はなくても、現実に即した知恵をもっている。世間に通用する力のもとは、知識や教養ではなく、生活の知恵のほうである。

実行力がある人は、教養をあまり重んじない。昔から「インテリは使いものにならない」といわれるのは、経験に乏しいから知恵がない、応用がきかない、という意味である。こういう人が、一人でなにかをしようとすると、たいてい失敗する。


学校の教師には、自分を教養人だと思っている人が多い。とくに文科系の教師は、役に立たない知識をたくさんもっている。それが役に立たないとはいいたくないから、「教養がある」といっているにすぎない。

ことに外国語の教師には、そうしたところがある。外国語をいくら勉強しても、その知識は実生活に直接関係ない。しかし、関係ないとはいえないから、「教養がある」というのである。

「教養」とは、大正時代から使われだしたことばで、それまでは、知識をたくさんもっているという意味では、「学がある」という言い方をしていた。ドイツ語のクルトゥール、英語のカルチャーを訳して「教養」としたのだが、もとの意味は、鍛練《たんれん》して、人間性を養うという意味である。これを知識があるという意味で使うようになったことから大流行して、かっこいいことばになった。

戦後、大学がアメリカ式になったとき、前半期を「教養課程」、後半期を「専門課程」というようになった。旧制の一高（第一高等学校）が新制の大学の教養（学部）となり、外国語を中心に知識を教えた。

その後、教養課程は役に立たない知識を教えるところ、ということで評判が悪くなり、いまはあまり教養課程とはいわなくなった。

一方、教員を養成する大学を学芸大学というようになったが、学芸も教養に似ていて、実用的価値のない知識を連想させる。とくに外国語を通じて入ってきた知識が、われわれの生活から切り離されていると感じられるようになる。

「教養」ということばに釣られて高等教育を受けると、なんとなく人間性が高まったような気になるが、役に立たない知識が増えるだけで、人間力的にはむしろ低下していく。

企業でも官庁でも、高学歴社会にはある種の教養ある人がたくさんいて、教養があればあるほど、実際の経験を軽んずる傾向がある。

現場では、自分の肌《はだ》で感じ、自分の頭で考えて、知恵をつけてきた人ががんばって仕事をしてきたのに、エスカレーター式に学歴で上がった人が知識でものをいっているうちに、どんどん生活の場から乖離《かいり》してしまう。その結果、先進国から日本の技術は一流ではない、といわれるようになった。

ある程度は外国の技術を背景にしているにしても、日本は製造技術にすぐれ、人件費も安かったことから、国際競争力を維持してきた。しかし、いまではそうではなくなりつつある。国際競争で後《おく》れをとりはじめた。

いまのところ、わずかな町工場に、国際的な競争に耐えうる技術が残っている程度である。一方、大企業は、高等教育を受け、ある種の教養や知識をもった人たちがやっているから、どうしてもヨーロッパやアメリカを手本にせざるをえない。

手本に頼っているうちは、その範疇《はんちゅう》から飛び出すことはできない。そこから出たら、どうしていいのかわからない。それがいまの日本の姿である。

日本はいま、明らかに、大きな曲がり角にさしかかっている。最大の欠点は、自前でものをつくり上げるという独創性が欠落している点だ。とくに技術系の人は、どんどん発明・発見をしていかなければならない。

たとえば、原子力発電をやめるなら、エネルギーに関する画期《かっき》的な技術を開発していかなければならない。太陽光や風力を利用しても、たかが知れている。

地下の高温の熱があるところまでボーリングして、これを使って発電する。日本では、雷《かみなり》が年に何十万回も落ちて、それで人まで死んでいるくらいだから、これをなんとかキャッチして、コンデンサーに蓄積して使う。

突拍子もないものだろうと、なんであろうと、新しい発想をどんどん出して、失敗してもかまわないから挑戦していくべきだ。

その点、教養が邪魔であるのか、日本の技術者は保守的で、いつまでたっても模倣《もほう》の域から抜け出せない。ヨーロッパとかアメリカにある知識を借りることとしか思いつかない。情けない話である。

論文を書く力

いまも大学院の修士課程では論文は必須だけれども、大学の学部では卒業論文を廃止してしまったところも多い。理由は簡単で、書かせても、いまの学生にはどうせ無理だとわかっているからだ。みな剽窃《ひょうせつ》ばかりで、ひどいのになると、お金を出して外国人学生に外国人の論文を訳させて、そのまま引き写しているものもあるという。

もとが英語の論文だと教授にバレてしまうので、スペイン語学科の学生に、あまり知られていないスペインの経済誌の論文を訳させて、それを買って提出する学生もいる。外語の学生で、そうした翻訳をアルバイトにしているものもいた。これがまたいい加減な翻訳なのだが、二人以上が同じ論文を出せばバレてしまうので、ひとつの大学では一人の学生にしか売りつけることができない。そこで、べつの学校に同じ論文を売って、バイト代を稼ぐ。ひどい話だが、かつてあった。

そうしたカラクリもわかってきたので、こんなことをしていても無駄だということになり、卒論はなくなってしまった。英文学科で卒論をやめたのは東大が最初で、もう四十年ぐらい前である。当時の論文を倉庫から持ち出してきたら、いま各界で偉くなっている人たちは、みんな大恥をかくことだろう。

自分で論文を書くには、まがりなりにも頭で考えなければならない。ところが、とくに学校の成績がいい学生ほど、途方にくれる。

小学生のときからずっと知識を習得し、記憶して、テストのときにそれを書いていれば点がとれた。彼らの勉強のしかたは、本を読んで、頭に入れて、それを整理して、必要なときに出せばいい、というものである。自分の頭でものを考える必要はなく、考えたこともない。急に考えろといわれても、できるはずがない。

具体的にテーマを示されれば、インターネットかなにかで調べて、書くことができる。自分で自由にテーマを選んで自由に書け、といわれると、とたんに頭を抱えてしまう。なんでも自由に、といわれるのが学生にはもっとも困る事態なのだ。どちらにしても、結局のところ、よそから盗用して書き写すだけになってしまう。

ところが、ふだんは学校にあまりこないで、遊んでばかりいるような学生は、まねをしたくても知識がない。そこで、苦しまぎれに考えて、とんでもない思いつきで、書いたりする。

一生懸命に勉強した学生が、卒業論文で手こずり、あまり勉強しない、本も読まずにきた学生が、卒業論文のときだけは、優等生にもできない、ときに独創的な論文を書いたりする。これがけっこうおもしろい。せっぱつまったときには、こどものころの独創性がよみがえって、顔をのぞかせるのかもしれない。

学生だけではない。審査する教師のほうにも、あやしいのがたくさんいる。日本語の、ことに文科系の教師たちは、まず英語では論文を書かない。書けばすぐ、外国人に盗作を見破られてしまうかもしれないからだ。

いまは「日本語の壁」があり、これはとても厚くて都合がよい。外国人には日本語がわからないから、中にどんな剽窃があってもバレたりせず、ほとんど問題にされることはない。これが、外国人も自由に日本語が読めるようになれば、日本の教授が提出している学位論文は、いずれもオリジナルではないという国辱《こくじょく》的な事実が明らかになる。

日本人が論文を書けないのは、考える力がないからだ。知識は外国の文献を読めば得られる。しかし、思考力がないから、なぜ外国でそういう知識が生まれ、そういう論文や本が書かれたかということがわからない。結果だけ見て、それをまねして書くだけである。

ひどいのになると、外国の本の一部を日本語に訳して、あたかも自分の説であるかのように発表しているものもある。

これを正すためには、一度、「日本はだめな国である」という衝撃的反省をしなければならない。いままで日本は国際的にもそうとう水準の高いところにあると思っていたけれど、そうではないということをはっきりさせる必要がある。

このことに気がついているのが東大だ。外国人の留学生がこないとだめだと言い出した。日本人だけでやっていると、どうしても「なあなあ主義」になって、いい加減な論文も通さなければならなくなる。だから、外国人をつれてきて、彼らと競争させるように仕向ければ、本物の勉強をするようになるのではないか、という思惑で、四月入学を九月入学にしようとしている。

しかし、これも本末転倒である。まずは日本の大学でオリジナルな研究をして、ハーバードやオックスフォード、ソルボンヌ並みの水準に肉薄《にくはく》するような仕事を外国にどんどん発信していけば、黙《だま》っていても外国からいい留学生はくるようになるだろう。世界的には変則な四月入学であっても、向こうがそれに合わせてやってくるようになる。そうなったら、本物だ。

いまの日本は模倣主義だから、おそらく一流の留学生は、日本へはこない。それで東大は焦《あせ》って、少しでも留学生を増やすようにと考えているのだろうが、いま日本へくる留学生は二流、三流ばかりではないか。そういう人たちがいくらきても、なんの役にも立たない。こっちのレベルが高まることにはならないのではないか。

「考える」を考える

算数や数学は、頭で考える学科といわれている。けれども、実際は記憶力でかなりカバーできる。前に解いたときの経験と記憶があれば、それを援用することで、わりと簡単に問題は解ける。補助線を引いたりする幾何《きか》の解法では頭が必要になるが、最近の学校は、幾何にあまり力を入れなくなっている。

こどもにとって重要な科目は、むしろ理科である。理科をおろそかにしてはいけないのに、先生に理科の素養が足りないため、小学四、五年生のころには、みんなが理科嫌いになっている。

いまの小学校では、理科の実験をすることになっているはずなのに、実験嫌いな教師が多い。歌みたいなものはよくつくったりするのに、具体的なモノに触れることは、なおざりにされている。

だから、いまの学生は、自分でものを考えるということがどういうことなのか、よく理解できていない。口ではよく「考える」ということばを使っているが、「……と思う」とか「……だろう」と言うときに、「考える」と言っているにすぎない。

社会に出て、学歴で昇進するコースに乗ってしまえば、考える必要がないから、ますます思考から遠ざかっていく。

知識には、答えはひとつしかない。だが、自分で考えることには、好きなだけ答えを出すことができる。だからあまり勉強しないほうが、おもしろいものができたりする。

学校の成績がいいものは、グライダーのように、教科書や知識に引っ張られて飛んでいるだけである。世界に羽ばたくためには、飛行機のように、自前のエンジンで飛ばなければならない。しかし、日本の学校は飛行機を製造しないで、もっぱらグライダー操縦者の養成所になってしまっている。

知識があれば、借用もできるし、利用もできる。考える必要がないから、いたってラクである。いま、日本の大学で「考える」ことを真剣に教えているところは、きわめてすくない。教えようとしても、「考える」こと自体がわからないというのだから、話にならない。

思考とは、それはなにか、なぜそうなのか、という疑問をもって、それを自分の力で解こうとすることをいう。たとえば、二つのものがあって、どちらがすぐれているかを比較、判断するのが「考える」ことである。どちらかに決めたら、なぜそれがすぐれているかを論理的に説明できなければならない。

それに対して、「思う」とは自発的ではなく、あくまで受け身である。外からきた刺激に対して心理的に反応することであって、何かすでに存在しているものを受けて「思う」。「感じる」も同じことである。

選挙のとき、複数の候補者の中から一人を選ぶのも、思考である。選ぶという行為はまさに思考によるものだ。「あの人を選んだら、自分のトクになるから」と利害で選ぶことも、生活体験がベースになった実際的な思考だ。

ただし、自分で考えたことだから、自分にとってはトクであっても、ほかの人にとっては損になるかもしれない。それが、自分で考えるということになる。

「あの人はいい」とか「この人はだめ」とか、人から聞いた知識で選ぶのでは、考える余地はない。思考力がないと人気投票のようになって、自分たちの生活から遊離した人が当選し、なんのための選挙かわからなくなってしまう。

本来は、人間としてどちらがすぐれているかで選ぶには、そうとうな判断力が必要で、それがないとほんとうの民主主義は育たない。

教養がある人は、いつも答えはひとつしかないと思っている。知識というのは、はじめからわかっていることだから、答えはひとつしかない。あるいは、それを知っているか知らないかのどちらかしかない。知っていれば、それで終わりである。

自分で考えるときには、はじめは答えがない。かならずしもひとつの答えに到達するとはかぎらない。途中で失敗することもある。何回も考えているうちに、何気なく答えにたどりつくこともある。迷いつつ考えて、わからなくなり、また考えて、最後に偶然に出た答えが、発見や発明につながったりすることも珍しくはない。

「犬も歩けば棒に当たる」にしても、このごろは第三の意味があるという。歩いていると、当たるつもりがなくても、偶然、棒に当たってしまうこともある。つまり、一寸先のことはわからない。人生どこでなにがあるかわからない、と考えるのである。さらに、第四、第五の解釈が出てくるかもしれない。

こういう答えを考え出すのは、知識ではない。思考は自由である。自分で考えた結果であるから、三通りや四通りの考え方や答えがあっても悪いことではない。

我流で生きる

私は戦争のはじまる直前に英文科の学生になった。戦争中は、外国から新しい本がこなかった。とくに英語の本は、完全に遮断《しゃだん》されていた。国内に外国人もいなくなった。そうなると、英語の勉強をする身としては、勝手なことをいうほかなくなる。突飛なことを考えるほかはない。

とりわけ軍隊に行ったとき、まったく本を読めない時期があった。いまから思えば、それはとてもいい経験だった。

それまで、本を読むということに特別な気持ちはもたなかったが、隠れて持っていた本が二冊しかなかったので、それを読み終えると、もう読むものがない。六ヵ月ぐらいで終戦になってしまったが、軍隊で本を一ページも読まない生活があったからこそ、それまでたまっていた知識という頭の中のゴミを捨てることができて、頭がよくなったと思っている。

本からの知識がないと、いわゆるお手本がないから、我流でいくしか道がない。それがわれわれの時代だった。

我流は我流でも、だんだん磨かれてくる。戦後になって、解禁になった知識がどっと入ってくるようになっても、我流を通した。四十歳でも我流なら、六十歳でも我流である。英文学者といわれながら、日本語の勉強をするのも我流であった。我流というものは、しぶとくてなかなか滅びない。

一方、借りてきたものは、すぐ賞味期限が切れてしまう。その代わりを自分でつくれないから、また借りてくる。

知識は外国からいくらでも入ってくるようになったから、それを翻訳していればいい。しかし、すぐに期限が切れるから、つぎつぎに翻訳していかなければ間に合わない。そのくせ、古い知識は頭の中にゴミとなってたまりつづける。結局、知識過多となり、当の自分はどこかに埋もれてしまう。

その点、手前味噌というのは、けっこう長持ちする。


日本人はそう考えたくないが、日本は文化も技術も、ことごとくものまねばかりである。アメリカでは日本人のことを「コピーキャット」といってきた。日本語でいう、「サルまね」のことだが、その汚名《おめい》をはね返すだけの実績が、いまの日本にはない。

日本独自の発想がないわけではないが、大きな工場でつくっているもののほとんどは、パテント（特許）が外国にあるものばかりだ。技術に関しては、日本は後進国というほかない。

知識だけに頼っていれば、いつまでもこのものまね人間という批判を甘んじて受けなければならない。いまのような、点取り競争のような勉強のしかたをしているようでは、そういう状態を脱するのはとうてい無理である。もっと経験と知恵を生かして、我流を押し通し、外に向かって、発明・発見を発信していけるようにならなければならない。

思考の時代

「二十歳過ぎればただの人」というのは、もとは天才的であっても、この年代あたりで、教わったことを頭に入れただけの知識的人間になってしまうということだ。

コンピューターがなかった時代なら、「ただの人」でも知識があれば、イギリスのベーコンがいうように力になりえた。ところがいまや、いくらたくさんの知識をもっていても、それだけではしょせんコンピューターにはかなわない。

不眠不休で、文句もいわずに二十四時間働きつづけて、しかも、いっぺん記憶したことは絶対に忘れない。こんなことができる人間はどこにもいない。

こうなると、人間としての存在価値は、「忘れる」ことでしか発揮できない。記憶と忘却が共存し、記憶したものの中で不要なものを忘れ、忘れたあとに新しいものを記憶し、忘れてさらにその先を考える……忘却は睡眠中だけではなく、覚醒《かくせい》時に意識的にできるところまでいけば、コンピューターにも負けない。

いまのところまだ知識社会だから、中身をあまり疑わないで丸飲みするのも、ひとつの幸福な生き方だろう。よけいなことを考えないほうが、はるかにラクであることはたしかである。しかし、勤めの人生を終えたあと、まだ二十～三十年も残っていることを考えると、もうひとつ先のことを考えないわけにはいかないだろう。

ベーコン的「知識の世界」の先に、デカルト的「思考の世界」があるのだが、そこに達しているのは、まだほんの一部の人だけである。多くのものはまだそこには到達していない。

二十世紀半ばにコンピューターが出現したことで、多くの人が、記憶だけではだめだということを意識するようになった。二十一世紀のあいだに思考の世界が到来したら、知識の蓄積だけでは意味がなくなる、ということもわかってきた。そこで、多くの人が思考というものに関心を抱くようになった。

そのときになって後れをとらないため、いまのうちから生活の中でものを「考える」習慣をつけておけば、次世代をリードすることができるかもしれない。

人類にとって、いまは「知識の時代」から「思考の時代」への転換期にある。

北欧の国のある小学校は、従来の知識教育とは異なった、思考力を育成するための教育を試みるようになったことで、注目を集めている。これは小学校だけでなく、人間全体の問題で、社会全体として取り組んでいくべき課題である。

知識はもちろん大事だが、その上に新しい知識を生み出していくためには、知識だけでは不充分である。考える力が不可欠で、その考える力をいかにして養い、教えていくかは、いまのところ見当がつかないけれど、そこに手をつけていかないわけにはいかない。

苦難や困難にぶつかって、それを克服しようとするときに、考える力が生まれてくる。解決するための適当な知識がないときには、自分の力で切り開いていかなければならない。その支えとなるのは、経験である。生活体験の中でつちかってきた知恵であり、知識のエッセンスが凝縮《ぎょうしゅく》された英知である。

従来は、生活や経験から離れたところで、知識や情報を機械的に頭の中に入れてきただけである。そうではなく、もっと人間の心理や生理に近いところで、日常的に考える習慣がつけば、一段と進んだ社会になるはずである。

これまでの知識だけでは、どうにもならない。どうにかして新しい方法を見いださなければならない、とみんながうすうす感じている。その閉塞《へいそく》感のもとにあるのが、知識や技術を中心に据《す》えた模倣の社会である。

技術にしても、すでに確立した過去のものであるから、これを学んだとしても、まねにほかならない。いくら知識や技術をまねても、そこから新しいものを生み出す創造力は育ってこない。

逆にいえば、生活の場、家庭の台所からでも、思考力さえあれば新しいものは生まれる。これまでは研究室や学校でなければ知識は得られないと思っていたけれど、そういう知識から離れれば、料理をしているところから新しいものが生まれても、なにも不思議ではない。

知識の罠《わな》

発明・発見というのは、だれも教えてくれない。トーマス・エジソンはいろいろなものを発明したけれど、学校の成績は悪く、数学もできなかったという。学校の勉強とはまったくちがう頭の働きで、新しいものをどんどんつくりだしていった。

いまの文明の中には、エジソンによってつくられたものがずいぶんとある。実生活の中で役に立つもの、たとえば電信機・電話機にしても、エジソンがその発展に大きく寄与している。欧米文化のかなりの部分に影響しているはずだが、エジソンはそれほど尊敬されていない。エジソンの発明は、いわゆる学問とはちがうというので、なんとなく発明屋のようなあつかわれ方をされている。しかし、思考力という点からすれば、非常にすぐれた能力である。

昔「亀の子束子《たわし》」を発明したのは、じつは男性である。男性はシュロを針金でまいた足ふきマットを考案したが、すでにイギリスの似たような商品に特許は取られていた。

がっかりしたが、妻が掃除する姿にヒントを得て、それをシュロ製のたわしに改良した。これは、生活の経験の中で独自に考えられた結果である。いまだに売れている。

いまの知識偏重の考え方を捨てれば、このように、生活の中にも考えるきっかけがいくらでも存在することがわかる。「なぜだろう」とか「なんとかしたい」「どうにかならないだろうか」という気持ちさえもっていれば、いつも答えが得られるとはかぎらないけれど、ときには思いがけないアイディアが出てくる。

昔の人がいろいろなものをつくったきっかけは、生活の中で、苦労をして見つけたもの、何気なく思いついたもの、偶然に見つかったものなど、さまざまである。

コンピューターには新しいものを考え出す力はない。知識の記憶量は膨大《ぼうだい》だけれど、それだけでは新しい知識は生まれない。新しい知識は、経験と思考から生まれる。

ただし、その知識は生まれた瞬間、過去のものとなる。それがさらに経験にもまれて社会に定着すると、知恵になる。われわれに必要なのは、知識ではなく、知恵を生むための考える力、思考力である。

コンピューターをつくった人は、考える力を懸命に発揮し、苦労したことだろう。けれども、それを使う人はただ利用しているだけである。ただ利用するだけなら、使用法を覚えれば考えなくてもすむ。

コンピューターが日本で開発されなかったのは、日本人の暗算能力が高かったからである。欧米の人は暗算が苦手で、ことに引き算の概念が弱い人が多い。

だから、彼らが計算機をつくったのは、そうした生活上の要求があったからで、それだけに社会的効用は大きかった。日本では、そろばんがうまくなれば暗算もできるようになるから、八百屋の小僧さんあたりでも、計算機がなくても困らなかった。

もともとそういう能力があったから、日本人には計算機をつくろうという発想自体がなかっただけのことである。

その日本人も、そろばんを使わなくなったいまでは、暗算力がずいぶんと落ちている。とくに電卓ができてからは、まったくだめになった。暗記する必要がなくなったからである。

人間の能力は使わずにいれば、急速に衰えていく。考えずにいれば、思考能力も落ちていく。

思考力低下の最大の原因は、知識偏重の風潮である。他人の論文などは、必要以外ほとんど読まなくてもいい。新しいものを開発するためには、科学の歴史など知る必要はない。知れば、それにとらわれて、そこから抜け出せなくなる。

とくに文科系の人は、はじめから猛然と勉強してしまうところがある。手当たりしだいに本を読むと、知識や情報にがんじがらめにされて、結局は、自分では手も足も出なくなってしまう。自由な発想のためには、すぐれたものをごく少数だけ読んで、あとはよけいなことは知らないでおいたほうがいい。

教師のように教える立場にある場合は、知識も必要だから、ある程度は本を読まなければならない。しかし、自分で新しいものを考えて、発明・発見をしたいなら、あまり本を読む必要はない。

文科系では、発見をほとんど問題にしないけれど、それはまちがいである。新しいことを思いつけば、それは発見である。それはなにも自然科学や技術の分野だけでおこるものではない。経済学や社会学、文学や心理学でも、発見が続々と出てこなければ、進歩とはいえない。

それを可能にするための「考える力」をどうやったら養えるかが大きな問題で、いまのところ、明確な解答は出ていない。これは日本だけの問題ではなく、世界的な課題である。

知的メタボ

ヨーロッパでは、ひとつの国で百科事典が二種類以上あれば、知的に成熟した社会といわれた。だから、十九世紀ぐらいから、ほとんどそうなっていた。

日本に二種類できたのは二十世紀になってからである。百科事典では後れをとったが、日本は豊かになり、そのすぐあとにコンピューター時代がやってきたため、百科事典が複数あることなど問題にならなくなって、知識過剰の状態になった。

それと同時に、日本人は元気がなくなってきたようである。知識や技術に圧倒されているからである。

日本人は昔から読み書きができ、知識を身につけるのは得意な民族である。ただし漢字を覚えるのはたいへんで、そのために要するエネルギーはそうとうなものだ。それゆえ、日本人はかなり頭を悪くしたかもしれない。

文字を覚えるのは知識以前の段階であるが、もっとも頭のよく働くこどものときに、そういうところに頭を使ってしまうから、大人になると腑抜《ふぬ》けになりやすい。その点、欧文はアルファベット二十六文字の順列組み合わせだから、ずっとラクに習得できる。

知識というものに対する反省ができればいいのだけれど、なかなかの大問題である。家庭ではできない、学校でも、社会でもやらない、どこでもやらないから、個人的に気がついた人が試みるほかない。


一口に知識といっても、日常生活上、欠かせない基本的な知識というのはある。社会で生きていくには、ある程度の知識も必須である。

ただ、大は小を兼ねるから、知識はたくさんあったほうがいい、と考えがちだ。それらを借りてくれば、自分で考える必要はないから、手間も省《はぶ》けて便利である。たくさんの知識を会得《えとく》すれば、さらに多くのことをまねできる。

実際に仕事をするには、いまの大学で教えている知識の何分の一かあれば十分なのに、とりあえずたくさん教えておけば、たいていの人は間に合うだろうということで、結果的には知識過剰になっている。

このようにして知識を増やしているうちに、考える頭はどんどん縮小していく。教育を受けて知識が増えれば、思考力はよけいに落ちてくる。これを私は、「知的メタボリック症候群」と言っている。

そこから脱出するには、よけいなものを忘れることだ。

英語に「祝福された無知（blessed ignorance《ブレスト・イグノランス》）」という常套句《じょうとう》がある。知らないがために、かえって新しいことを考えられるようになる。もの知りが利口とはかぎらない。あえてやたらと知識を身につけないようにすると、頭が軽くなって、独創が発揮される。

一般に、「無知」は悪いことのように思われているが、よけいな知識がないために生じる「無知」は、むしろ歓迎すべきである。

そこで重要になるのが「忘却」である。いったん頭に入れたものを忘れて、意識的に無知に近い状態にする。これは自然の無知ではなく、頭のはたらきによってできる「知的な無知」である。この状態でものを考えていれば、知識というのはいつも必要とはかぎらないから、自然に忘れる。

このようなことばが生まれたのは、イギリスにもいわゆる「知識バカ」がいたという
ことを物語っている。日本で、学問のあるバカの存在を最初に指摘したのは、おそらく
菊池寛《きくちかん》だろう。
「学術的根拠をもっているバカほど始末が悪いものはない」
というようなことを述べている。
そのことばを意識してかどうかはわからないけれど、内田百閒《うちだひゃっけん》はエッセイで、知識
をたくさんもっているが、自分の力ではなにも考えたことがない人たちのことを、こう
書いている。
「世の中にはなんでも知っている馬鹿がいる」

II

頭を整理する力

——思考しやすくするために

頭の掃除

勉強すると、頭は悪くなる。知れば知るほど、バカになる。

頭の中に、いくらよけいなゴミをつめこんでも、頭がよくなるわけがない。頭をよくしたければ、逆に、頭の中に入っているよぶんなものを捨ててしまうことだ。

勉強をしなくても、ただでさえ、頭の中には雑多なものが無差別につめこまれている。本から入ってくる知識などほんのわずかで、まわりの人の話、見た景色、あるいはテレビやラジオ、携帯電話やインターネットからの情報など、あまり役に立たないものが、これでもかというくらいに、ためこまれている。

頭につめこまれたガラクタの山をとりこわし、不要なものは始末し、頭の中をいつもきれいに整理しておけば、思考力、記憶力、創作力、想像力、判断力、洞察《どうさつ》力など、あらゆる知的活動が活性化する。

そのためにも、まずは「忘れる」ことがかんじんだが、ただ忘れるのではない。うまく忘れることが重要だ。

たとえば、夢中になって身体を動かし、汗をかくと、頭がすっきりする。さっきまではわだかまっていた思いや、あるものに対するこだわりなど、ひと汗かいたあとでは、「自分はさっきまで、なにを考えていたんだろうか」と思うくらい、きれいに消え去っている。

身体を動かさず、机にしがみついて、勉強と称して知識の蓄積ばかりに腐心《ふしん》していれば、どんどん頭のはたらきは弱くなっていく。

頭の中の清掃にとってもっとも有効なのが、睡眠である。しかも、この清掃は、全自動でやってくれるからありがたい。

われわれはだれでも、一晩にレム睡眠を四、五回ほどくりかえして、その間に、情報や知識を無意識に仕分けし、不要なものは忘却し、必要なもの、価値あるものだけを残している。この「選択的忘却」はコンピューターにもまねできない。もちろんいまはやりのお掃除ロボットにもできない。たいした能力である。

だから、朝、目が覚めたときには、頭の中が整理整頓《せいとん》されてすっきりしているのである。目覚めてから起き上がるまでの時間が、ものを考えるうえでのベストタイムで、昔の中国人はこれを枕上《ちんじょう》の時間といった。

頭の中のゴミ出しがすんで、きれいに清掃された状態なので、勉強するにはもっとも適した時間帯である。

よく小説家が夜でないと原稿が書けないというが、それはただの思いこみだ。夜は、頭の中にゴミがいっぱいたまっている。よほど頭のいい人でも、夜は仕事を避けなければならない。

ことに頭を使う仕事は、朝食をとる前の時間が好ましい。胃袋にものが入ると、血液がそっちに集中するので、頭のほうがおろそかになる。とくにおいしいもの、栄養価の高いものを食べたあとしばらくは、考える機能が落ちるので食休みをする。

朝の、まだ胃の中にものが入っていない状態のときに、一時間ほど勉強すれば、たいへん効果があがる。

昔から「朝飯前の一仕事」といったのは、朝飯前に仕事をすると能率がいいからである。いまでは、簡単にできるちょっとしたことという意味に使われているが、本来は、その人の頭の状態がもっともいいときに、仕事をしたほうがよろしい、という意味である。

かならずしも知的な仕事だけではなく、身体を動かす仕事、手作業にしても、朝一番にやると、あまりミスやケガをしない。

とくに仕事に適さないのは、昼食後である。トラックの運転でも、事故を起こすのは、たいてい食事をしたあとのぼんやりした時間帯であるという。学校の生徒は昼食後の授業は居眠りする。

忘却のすすめ

昔は、レム睡眠だけで、大部分の人は間に合っていた。ところが、いまは情報が多すぎて、睡眠だけではよけいなものを忘却しきれない。

昔の学生は、よく本を読んだ。いまの学生は本をあまり読まないけれど、耳や目からいろいろなものが入ってくる。いわゆる知識ではなく、生《なま》の情報である。昔はそういうものがなく、知識を仕入れた。ほとんどが本からだった。

その読み方もケタ違いで、朝から晩まで本を読んでいた。普通の学生でも一日に五時間ぐらいは読んでいた。それだけ読めば、だれだって知識過剰の状態になる。

頭の容量は、昔もいまもそんなに変わりはない。いまは本を読まなくても、ほかにいろいろな情報がある。中身はかなりちがうけれども、つねにバケツをいっぱいにしている状態だ。ちょっと動かしただけで、バシャバシャとこぼれてしまう。これが頭を悪くする最大の要因になる。頭のバケツは完全に空《から》にはならないけれども、なるべくあけておくことが大切だ。

もの覚えが悪いと叱《しか》られた。ものを忘れると、もっと怒られた。忘却が罪悪であるかのごとく、とがめられた。そうした苦い経験のある人には、せっかく頭の中に入れて覚えたものを忘れてしまうのは、もったいないような気がするのかもしれない。

律儀な人ほど、忘れまいと努力する。だから、頭の中はいつも満杯で、あふれんばかりの状態になっている。

いっぱいになっているうえに、あとからあとからいろいろなものが入ってくるから、自分でものを考える余裕などあるはずもない。それ以上入ってきても処理しきれないから、自然のなりゆきとして、拒絶反応をおこすようになる。

そうなると、なにかをする意欲もなくなる。必要なものまで受けつけなくなる。ついには、なにもかもやる気がしなくなり、ひどい人になるとノイローゼやうつ病になったりする。

よく「頭が真っ白になった」という言い方をすることがある。大きな衝撃を受けると、頭の中にあったいろいろなものが一瞬にして飛散し、空の状態になる。新しいことを考えるにはとてもいい状態だが、考える能力までショックを受けてしまう。

いちばんいいのは、身体を動かして汗をかくことだが、そのほかには、一時間ほど散歩をするとか、入浴するのもいい。

夜の睡眠が足りない人は、昼食後の昼寝が最適だ。目を覚ましたとき、朝飯前と同じ状態になっている。ものを考えるのにうってつけである。

たばこや酒なども、有効である。たばこを一服吸うと、気分がすーっとする。頭の中で、ある種の忘却が促進されていることを示している。

いやなことがあったときなどは、昔はやけ酒と相場が決まっていた。酒の勢いで、頭の中までぐでんぐでんにして、目が覚めたときに、「おれはどうしてここにいるんだろう？」というくらいなら成功。自分がきのうなにをやらかしたのかわからないというのだから、忘却が有効にはたらいたことになる。

頭の中が引っかき回されて混乱はするけれど、目が覚めたときは、いろいろなものを忘れてすっきりしている。昔の人は知恵があった。

もっとも、健康面からいうと、たばこも酒も、あまり頼りにしすぎるのは問題がある。すこし穏やかなものでは、コーヒーやお茶を飲むことも有効だ。会議中にコーヒーブレイクをはさめば、疲れた頭をまた働かせることができるようになる。

学校でも、休憩は大事な忘却のための時間である。充分に時間をとって、なるべく外に出て身体を動かすのがよい。そのつど頭の中がきれいになり、学習効率も向上する。ものを考える力も判断力も活発になる。

若者のあいだでドラッグの吸引が問題になったりするが、効果としては同じことである。頭の中がもやもやしているときに、ああいうものをやると一掃される。ただ、健康被害が心配だから、安易な利用はいけない。

忘却のあとの爽快感《そうかい》は、頭にとってはとても重要である。そのためには笑うのも、泣くのもいい。ようするに、体内からよけいなものを吐《は》き出すことがかんじんである。

不純物を除去し、頭を清浄な状態にしておいて、そこにいい刺激を与え、必要な知識を入れていく。それがいっぱいになりそうになったら、また整理してゴミ出しをし、またとり入れる。

このような状態を保てば、頭はいつもすっきりしていて、ものごとを正しく吸収できる。活発に忘却できる人ほど、頭は良好な状態にあるということだ。

頭に知識をつめこむことで、勉強が進んだと思いがちだ。しかし、ものを吸収したい、勉強したいという気持ちをおこすには、頭は空腹の状態でなければならない。満腹状態でいくら勉強しても、それ以上は入りきらない。

哲学者の友人が話していた。彼は旧制一高（いまの東大教養学部）の学生だったころ、陸上競技の選手で、毎日二、三時間はグラウンドで運動をしていたという。

級友の多くはいつも勉強ばかりしているから、自分より成績がいい。そこで彼は考えた。

「自分は彼らより勉強する時間が少ない。だから、陸上をやめて勉強に専念すれば、成績で彼らを抜けるかもしれない」

それで陸上部をやめた。ところが、一年後、成績はかえって落ちてしまった。それでは意味がないと思い、また陸上部に復帰したら、成績も持ち直した、というのである。「どうも運動して汗を流したあと、身体を洗い、下着を替えたりして、さっぱりした気分で勉強をすると、いままでわからなかったことがよくわかったりするんだよ」

机にしがみついて勉強ばかりしている「かまぼこ学生」は、時間は長いけれど、能率はよくなかったのだろう。

いろいろなことをしていると、時間の配分をうまくしなければならない。すると、集中力が増して、吸収力もよくなる。

「ぼくは運動をやると成績もよくなるということを実感したから、学生にも勧めているのだが、いまの学生はなかなか言うことをきかないね」

スポーツの効用

気分転換と簡単にいうけれど、気分のかなりの部分は頭の中にある。それを転換するということは、いったん空にすることでもある。頭をよく働かせるためには、とても重要なことだ。

気分がいつも朝起きたときのような状態だったら、頭は良好な状態であるが、午後になると、すこしずつ疲れてくる。ことに夕食後は、なるべく頭を使わないほうがいい。いまの生徒や学生たちは、午後八時か九時ごろ、テレビを見終わったあとで勉強をはじめて、日付が変わるころまでやっている。これなどはよくない。

体温が下がる午後十時から十一時ごろには、床《とこ》についたほうがいい。そうすると、朝、わりと早く目が覚める。すこし目が覚めたところで、かるく身体を動かしてから顔を洗う。

朝、顔を洗うのは、顔が汚れているからではない。レム睡眠によって、頭の中のゴミは一掃されている。このときに、こめかみのところにある毛細《もうさい》血管に冷水をかけると、脳が刺激されて、すっきりと目が覚める。気分が一新されて、勉強をするにはもっとも適した状態になる。

運動選手には、もう一度、勉強に適した時間帯がある。夕方に運動して汗をかき、シャワーを浴びて、さっぱりした気分で着替えをしたあとだ。頭の中がすがすがしくなっているから、夕食をとる前、三十分でも一時間でも、集中して勉強をするとよい。

スポーツをやっている人は集中力が高いので、ほかの人が一時間でやっているところを、三十分かそこらでこなすことができる。三十分で集中的にやって、そのあと、栄養のあるものを食べて、早めに寝る。

これぞ文武両道、スポーツマンで、トップクラスの成績を維持するための秘訣《ひけつ》である。

若いころ、私自身はけっして朝型人間ではなかったが、運動はよくやった。勉強と同じぐらい、サッカーと陸上競技に熱中した。

当時、サッカーはまだ珍しい時代だった。中学（旧制）でサッカーをやっているところは愛知県下でも四校ぐらいだったから、母校はよく全国大会に進んでいた。しかし、私はその前にやめたから、そういう晴れがましいことはなかった。

やめたきっかけをつくったのは、英語の教師だった。たまたま職員室の前を通ったとき、開け放たれた窓から聞こえてきた英語教師の話し声に、なんと私の名前が出てきたではないか。

「外山は勉強しないで、運動ばかりやっている。なにしにこの学校にきたんだ」

頭にきて、「そんなことを言われるのなら、運動をやめてやる」と、すっぱり運動をやめてしまった。

とくに三年生から四年のそのときまでは、猛烈《もうれつ》に運動をやっていた。寄宿舎に入っていたから、午後三時ごろから二、三時間はいつもグラウンドにいた。急にやめたら、とたんに体調を崩してしまった。おそらく頭も悪くなっていたにちがいない。

それでも、なんとかあの教師の鼻をあかしてやろうと、英語の勉強にだけは打ちこんだ。とにかく英語だけはいい点をとらないと、自分の気がすまなかった。

その後、英語を専攻し、英語の教師になったのも、中学のときの英語教師からそんなことを言われたせいだったのかもしれない。スマートな選択だったとは思えない。

当時の旧制中学で寄宿舎に入っていたのは、遠くからきた人たちだけだった。私が寄宿舎に入ったのはまったくの偶然だったけれども、スポーツに打ちこむこともできたし、人間形成にとって、いい経験だったと思っている。

私は五年間、寄宿舎で過ごした。十二歳から十七歳までのあいだ、同年齢の人たちと一緒に暮らしていると、家庭ではできない体験がいろいろとできる。

まだ一人前の個性ができていない中学生には、とてもいい刺激になる。

当時はサッカーを教えられる先生はほとんどいなかった。だから、先輩がきて教えてくれた。また、私の故郷は、トヨタ自動車発祥の地である。校庭で一人で陸上競技を練習していると、トヨタの実業団の選手がきて、頼んだわけでもないのに指導をしてくれた。なつかしい思い出である。

ただ、ほんとうに運動をやっていてよかったと思うようになったのは、中年になってからである。勉強とスポーツを両立させるイギリスのパブリックスクール（中等学校）の話を聞いたりするにつけ、あの時期に真剣に運動をやっていたのは、人間形成にとってもとてもいいことだったと思う。

と同時に、いまのスポーツのあり方について、大きな危惧《きぐ》を抱いている。

手の散歩、口の散歩

昔の中国人は、馬に乗っているときに、名案が浮かんだという。乗り物に揺られているときは、頭の働きにとっては好ましい状態で、これも身体を動かすことに通じている。その意味では、散歩ほど適した状況はないのではないだろうか。

いま、ジョギングやウォーキングが手軽な健康法としてブームのようだが、私は五十年ぐらい前から、ずっと散歩をつづけている。歩数計をつけないのでわからないが、ひところは日に一万歩をゆうに超えていた。

散歩というと、いかにも足だけの運動のように思われているが、それだけではない。いろいろな散歩がある。もっとも重要なのは、手の散歩だ。

大昔、人間の祖先は四足歩行をしていた。直立歩行のいまは、歩くときに手は使わない。しかし、手をあまり動かさないのはよくないように思われる。

いま、人間は手を使わずに足だけで歩いている。これは、ある意味では不自然な動作なのかもしれない。

手、とくに指先を頻繁《ひんぱん》に動かすことが、老化防止や認知症の予防になるといわれるのは、手を動かすことで脳が活性化されることをあらわしている。

家庭の主婦は、炊事《すいじ》以外でも、とくに細かい作業をする縫い物など、手をよく使う。昔の女性は洗濯板で洗濯をしていたが、これなど理想的な両手の運動である。編み物もいい。

女性にくらべ、男性は指をめったに使わないが、パソコンのキーボードを打つのは有効な運動になるかもしれない。

外国映画の一場面で、老人などがクルミの実を二つ持って手の中でコリコリやっている光景を目にすることがあるが、あれはなかなかの知恵である。両手を使うピアニストやオーケストラの指揮者などは、老化しにくい職業である。

手の散歩のほかに、口の散歩も有益である。

散歩で足を使うのと、口でしゃべるのとでは、使うエネルギー量は後者のほうが多いという学者もいる。人によってもちがうが、発声にはおどろくほどのエネルギーが必要だ。もちろん、発声は口だけでするものではなく、いろいろなところを使う。

小学校の先生は、一時間目の授業からこどもが帰るまで、一人でずっとしゃべりつづけている。

小学生は授業中でもあまり静かではないから、大きな声でしゃべらなければならないこともある。大声で五時間もしゃべっていると、ヘトヘトになる。必要なエネルギー量は、その間、軽いジョギングをしているのとほとんど変わらない。通常の散歩より、はるかにエネルギーを使う。

僧侶《そうりょ》の読経《どきょう》も、座っているからラクなように見えて、そうとうなエネルギーを消費する。坊さんが概して長生きなのは、年をとってからも読経という運動をしているからかもしれない。後継者ができて、自分ではあまりお経をあげなくなると、すぐに老けこんでしまうことが多い。

声を出してもほとんど運動効果はないように思われがちだが、手を動かすより、やや大きめの声を出すほうが、よりよい散歩になる。オペラ歌手などは、大声で歌いながら演技までするから、すごい運動量である。

レム睡眠中に、夢を見たり、選択的忘却をしたりするのも、頭の散歩である。

珍しいものを見れば目の散歩、音楽を聴けば耳の散歩になる。たとえば、ウォークマンなどで音楽を聴きながら散歩するのも、未知の場所をキョロキョロ見回しながら散歩するのもいい。

ウォーキングというと、わき目もふらずせっせと歩いている姿をイメージしがちである。しかし、その実、「散歩」は複合スポーツといえる。手・足・目・口・頭……と、五体を使って総合的にはたらかせることで、相乗効果が期待できる。

歩いて考える

散歩の効用は、古くから知られていた。古代ギリシアの人たちも、散歩をしていると頭がよく働くと考えていたらしい。アリストテレスを中心とする「逍遥《しょうよう》学派」という一派は、散歩しながら、考えたり、議論したりしたことから、その名がついた。

学者が家の中にこもって、机に向かって本を読むようになったのは、ずっとのちの時代である。十八世紀から十九世紀にかけて、ドイツの哲学者も、散歩をしなければ思索は進められないと考えていたようだ。

カントは毎日、同じところを同じ時間に散歩していたので、「カント先生が通ったから、いま何時だ」と、町の人の時計がわりになっていたという逸話もある。ベートーヴェンやゲーテもよく散歩をしたという。

運動不足が健康によくないということもあるが、それよりも、座って本を読んだりしていると、かえって頭の働きが衰えてくる、ということを自覚していたのだろう。

哲学者が散歩をするというので、京都大学の人たちがそれにあやかって「哲学の道」をつくったが、これは本末転倒。正しくは、新しい発想を得るには散歩しながら思索するのがよい、ということで、この道をいくら歩いても頭はよくならない。

日本には、伝統的に、散歩をするという発想はなかった。

明治のころ、神戸港で船を降りたイギリス人が土地の人に、街の背後にある山までの距離を尋ねた。ところが、そんなことを気にもとめたことがない人たちは、一人として答えられなかった。イギリス人は、さっそくその六甲の山へのぼった。

「どうして用もないのに、この人たちは山になんか登るのかね」

神戸の人たちは、不審がっていたという。トレッキングとかウォーキングというものをまったく知らなかったのだから、無理もない。

そこで、イギリス人たちは日本人に散歩を教えた。神戸は坂が多いから、適度にエネルギーを使う散歩道としては最適だっただろう。それから、まだ百年とちょっとしかたっていない。

旅と散歩は目的が異なるが、江戸時代の芭蕉《ばしょう》は、歩くことの効用を知っていたらしい。芭蕉は歩いてものを考え、感じて俳句をつくり、『奥の細道』という傑作を残した。

体育と理科

交通機関が発達した現代は、昔は歩いたところでも、ほとんど乗り物で行くようになった。本格的に身体を動かすということを考えていかないと、メタボリック症候群に象徴されるように、どんどん不健康になっていく。

新しい形のスポーツとして、散歩は最適かもしれない。競技性のスポーツだと、すぐプロ化して、個人がやるものではなく、見るものになってしまう。これでは運動の効果は得られない。

いまやマラソンも、する人より見る人のほうが多くなっているが、その点、散歩は簡単にはプロ化しないだろう。散歩にスポンサーがついたり、賞金を出したりするところがそんなにあるとは思えない。

メタボリック健診を義務づけるくらいなら、個人がやるスポーツとして、散歩を社会的に推奨したらどうだろうか。

それにしても、学校はもっと体育を充実させなければならない。こどもを教育する場でこそ、それは必要なことである。いまの日本の教育の最大の欠点は、体育が不当に軽視されている点である。

かつて遠足といえば、文字どおり足で遠くまで歩くことだった。いまはバスで行く。歩くときは歩き遠足というらしい。

戦後、家庭がこどもの教育に関心をもつようになり、進学や受験に熱心になりだしてから、身体を動かすことを軽く見るようになった。

いまは運動会に対して、保護者から、一等賞、二等賞と順位をつけるのは差別だ、などといわれる。先生のほうも面倒くさいから、運動会でも遊戯《ゆうぎ》的な種目が多くなり、昔ながらの徒競走というのは少なくなってきた。

小学校で、体育の次に軽視されているのが、理科である。その理由は、女性教師の割合が圧倒的に多くなったことだ。

女性教師はたいてい国語が好き。国語が好きだと、理科が嫌いになりやすい。女の先生の十人のうち七、八人は、理科が嫌いで苦手だから、理科を熱心に教えようとしない。理科の授業でも、あたかも国語の時間のように理科の教科書を読ませるだけで、実験はほとんどやらない。

理科の嫌いな人は文学少女的なところがあるから、身体を動かすこともあまり上等ではないと思っている。そのため、体育も軽視しがちになる。それより、座って本を読んで、字を書くことが勉強だと思っている。

昔の男性教師もそれほど良質だったとはいえないけれど、小学校で女性教師が過半数になったのは、三十年ぐらい前からである。ことに都市では、教師というものが職業として魅力がなくなった。それで教育学部を出た男性ですら、民間の企業に就職するようになった。

男性が教職から離れていったあとの空いたところに、女性が入ってきたというわけである。東京の小学校では、六割ぐらいが女の先生であろう。女の先生が大半になった小学校で、理科をしっかり教えている学校は珍しい。

この現象は、将来の日本にとって憂慮すべき大問題である。日本の科学技術が後《おく》れるようになったひとつの原因は、小学校の先生が、こどもたちから理科に対する興味を失わせていることにある。

いま東京大学や京都大学では、外国から優秀な留学生を招くとか、そのために入学時期を九月に変更するとかいっているが、そんなことより、まずは小学校の四、五年のところで、理科をしっかり教えることを考えるべきだろう。

「借りる」をやめる

ノーベル賞を受賞した島津製作所の田中耕一《たなかこういち》氏にまつわるエピソードがある。彼は富山県の山の中の小学校を出た。五年生のとき、先生が理科の時間に生徒たちに実験をさせて、机のあいだを歩きながら見まわっていた。

そのとき田中少年が、「先生、これはどうしてこうなるの？」と言ったという。とっさのことで、先生もすぐには答えられなかった。

「きみはすごいね。先生にもすぐにはわからないよ。調べてくるからね」

先生のその一言で、それまで進路のことなど考えたこともなかった田中少年だったが、将来、絶対に科学者になるんだ、と決心したという。

長じてノーベル賞を授与された田中氏は、授賞式を終えて帰国すると、空港からすぐ自宅に帰らず、真っ先に先生を訪ねて報告したという。

Intellectual honesty《インテレクチュアル・オネスティ》ということばがある。日本の教師、学者、研究者たちにもっとも欠如《けつじょ》しているのが、この「知的正直さ」であろう。

自分がわかっていることと、わからないことを、自分の頭で区別することなく、わからないことでも、人が言っていることを借りてきて、自説であるかのように書いたり言ったりする。

人からものを借りるということを恥ずかしいと思わなくなったのは、戦後になってからだ。ことに外国から、いろいろなもののつくり方や使い方の技術などを借りてきた。そのときに「借りた」とは言わないで、技術を「導入した」と言った。お金を払って技術を導入したにしても、まねをしたことに変わりはない。

昔は、借金をするのはたいへんなことと考えられていた。お金もないのに、借金までして家を建てるなどということは考えられなかった。そのためにせっせとお金を貯めて、やっと家を建てた。そのかわり、一度建てたら三代はそこに住んだ。ところが、いまはごく普通にローンを組んで家を建てる。長いあいだその返済に苦労するのだが、そんなことは考えない。

戦後、ときの政府は、建築業界その他を振興させるため、税制で優遇《ゆうぐう》したり、補助をしたりして、国民にマイホームをつくることを奨励した。

国民はお金がないから、長期のローンを組む。結局、倍以上のお金を借りることになるのだが、かまわず家を建てた。ローンという名になっても借金であることには変わりないのだが、大金を借りたという意識が希薄である。現実の自分たちの収入との関係がはっきりしない消費活動がおこなわれている。

しかも、せっかくローンを組んで建てた住宅に、こどもたちは住もうとしない。このことを予見しなかったのは、大失敗である。

こどもが結婚して住んでくれれば、お金としてはかなり生きる。しかし、収入の多くを費やして建てた家に同居する子はおらず、みんなどこかへ散ってしまう。

われわれ大正生まれの世代で、ローンで家を建てた人は少ない。だいたいが借家だった。お金を借りるより、家を借りたほうがはるかに合理的である。多額の借金を背負いこんでしまうことが、生活力を弱めてしまう結果になる。

知識というのはすべて借りものである。自分で考えた知識を、われわれはほとんどもっていない。人から聞いたとか本に書いてあったということは、ようするに借りてきた知識ということだ。だから、いわゆる勉強、知的活動、教育というのは、すべて借りものを前提にしている。

そもそも、「学ぶ」の語源は「まねぶ」、つまり、まねることである。

したがって、勉強を長くしていると模倣性が強くなり、それにつれて、自分のオリジナルなものを考え出す力が低下していく。日本で高等教育を受けると、能力の低い専門家が増えてしまう。それは、模倣だけをやっているからだ。

模倣だけやっていると、まねるものがあるうちはいいのだが、まねるものがなくなると、とたんに途方にくれてしまう。

新しいものをつくる力がないので、よそのものを借りてきて安くつくるという、中国や韓国がいまやっていることを日本はやってきた。いまや、中国や韓国のほうが人件費が安いので、同じまねるなら彼らのほうが経済効率がいい。

いま日本が困っているのは、借りるものがなくなってきたことだ。借りたものをつくるにしても、効率が悪いから、国内には工場ができない。外国へ出ていくようになる。

つまり、日本の中において「借りる」に限界がきたのである。このへんで自前の仕事がどこまでできるか、ということを真剣に考えなければいけないのに、依然として、どこかにいい技術があれば、それを導入する（借りる）ということばかり考えている。よそから借りないで自前でやるには、そうとうな苦労を要する。

ただ、地方では、少しずつ新しい技術も生まれている。たとえば、山形県寒河江《さがえ》市の佐藤繊維という紡績糸工場では、これまで羊毛でつくっていたのをアンゴラヤギ（モヘア）に代えて、それをさらに細く編む技術を開発した。

これで編むと、光沢のある生地ができあがる。アメリカでもヨーロッパでも、セレブな女性たちが競ってそれを着たがるようになった。アメリカのオバマ大統領の夫人も、大統領就任式に、この毛糸を使ったニットカーディガンを着用して臨んだ。

下請けで毛糸を作っていたこの町工場は、中国から安い製品がどんどん入ってきたため、つぶれそうになっていた。社長は途方にくれていた。自分の代でつぶすわけにいかないが、なにをやっていいのかわからなかった。

そんなとき、ものづくりの原点に返って、だれも作らないものを作れば、小さくても生きていけるのではないか、と思いついたという。

こうしたことは、学歴だけで生きている人間には思い浮かばない発想である。日本の各地でこういうものが出てこないと、先進国としての地位は維持していけない。「借りる」という発想は、頭の中にゴミをためるのと同じだ。日本は、国が先頭に立って借金を重ねている。

お金も知識も、安易には借りないことがかんじんだ。

エスカレーター人間

いまの世の中には、「エスカレーター人間」と、普通の道を「歩く人間」とがいる。一部に、一気に上がっていく「エレベーター人間」もいるが、サラリーマン社会でもっとも多いのが、エスカレーター人間である。

そういう人たちは、何十年ものあいだ、自分の力ではほとんど動かない。自分の足を使わない、頭も使わない。それでも、ごく普通にやっていれば徐々に上がっていく。年功序列の慣例の中で前と後ろが決まっているから、急に追い抜いたり、追い抜かれたりすることもない。また、あっては困る。

かつて、日本人のほとんどは、農業とか漁業などの第一次産業を生業《なりわい》としていた。そういう人たちは地に足をつけて歩いていた。しかし、いくらせっせと歩いても、なかなか上には上がっていけない。一生歩きつづけても、結局、ほとんど同じところを歩いているだけだった。

ところが、学校を出てエスカレーターに乗れば、自動的に上がっていく世の中になった。苦労しなくてもほどほどに偉くなり、それにつれて収入も上がる。

「農業などやっていてもだめだ。なにがなんでも学校へ行って、サラリーマンになれ。そうすれば、六十歳になるまで安泰である」

ある時期になると、多くの第一次産業にいた自営の人たちが、事務をとったり、ものを売ったりする第三次産業に移った。

第三次産業に行きたい人が殺到しても、エスカレーターに乗せられる数はかぎられているから、全員は乗れない。選抜のための入社試験が必要になってくる。その採用試験がむずかしいので、みんな、有名な学校に行こうとする。

たしかにエスカレーターに乗れば安全だろう。定年になるまで、よほどのことがないかぎり落ちたりはしない。安定していられる。

ところで、ここで忘れてはいけないことがある。エスカレーターが終点にきて降りても、残された時間がわずかなら、なんとかなるだろう。かつてはそう考えてもよかった。しかし、平均寿命が伸びて、エスカレーターを降りてからの期間が長くなった。かりに六十歳でエスカレーターから降りたとしても、あと二十〜三十年近くは生きていかなければならない。そこには、エスカレーターは存在しない。

「団塊の世代」といわれ、ここ十年ぐらいのあいだに定年を迎えた人たちは、ただエスカレーターに乗ってきただけだから、自分で歩くことを忘れてしまっている。第二の人生を前に、なにもできることはない。現役時代のコネで仕事にありつければ、まだいいほうである。大部分は目標を失って、呆然《ぼうぜん》とする。

これは現実である。いまのサラリーマンの多くは、まさか自分がそうなるとは思っていない。農業や漁業の第一次産業にくらべれば、自分たちはじつに優雅な生き方をしていると思っている。土日は休みだし、ボーナスもある。黙《だま》っていても、下から押し上げられて偉くなる。こんなに恵まれた境遇《きょうぐう》はない、と。

エスカレーター人間が登場してきたのはごく最近のことなので、それが終わりにきたときのことを経験した人は、そんなに多くはない。

戦後の高度成長期には、エスカレーターが終わったあとをどうするか、などと考えなくてもよかった。実際、寿命が六十代だったので、五十代で定年後、十年かそこらは退職金と年金でなんとか食いつないでいけた。

ところが、いまのように八十代後半から九十代まで生きるようになると、退職金や年金だけでは生きていけない。病気になったり、寝たきりになったりしたら、とたんに多額のお金が必要になる。そういうことまで考えたら、サラリーマンがかならずしも自営よりいいとはかぎらない、と思いはじめたにちがいない。

これからエスカレーターに乗ろうとしている人は、ずっと先のことだから、そんなことは考えない。退職してからわかることである。

エスカレーター人間は、自分では歩けないから、人生を渡っていく力がまったくない。

そのエスカレーターも、これまでは、途中で止まることは絶対にないと思われてきた。リストラなどということばはなかった。

ところが、このごろは四十歳をちょっと超えたあたりで、脇に押し出されてしまうかもしれないという時代になってきた。たとえば日本航空などかつては優秀なエスカレーターだったが、途中でトラブルがあって一時はひどい目にあった。

だから、エスカレーター人間に対する価値も、多少は下がってきているはずだ。それにもかかわらず、大学卒の人はいいところへ入りたいと、いまだにエスカレーターに殺到している。

道なきところを行く

エスカレーター人間を大量に生んだのは、学校教育である。学校、とくに大学を出た人は、現場の仕事には適さない。工場で働いて、実際にものをつくっているのは、たたき上げの熟練工である。大学出は、理屈はいうけれど、生産力は低い。

それにもかかわらず、彼らは大学を出ているということで、エスカレーターで上に上がっていく。現場の人たちは徒歩だから、なかなか上に上がれない。階段があっても、自力で上がらなければならない。エスカレーターのように、自動的につれていってもらえることはない。やはり学校を出ていなければだめだ、ということで、学歴信仰がはびこった。

なるべく早く、こうした状況から脱する必要があるが、それではエスカレーターに乗らなかったら、どうすればいいのだろうか。それが問題だ。

戦後、アメリカから『ゴーイング・マイウェイ』(「我が道を往く」)という映画が入ってきた。社会のしがらみにとらわれないで、独立独歩、自分の決めた道を歩んでいく、というストーリーだ。日本全体が敗戦後の虚脱状態にあったこともあり、若い人にかぎらず、多くの日本人に夢を与えた。

そのときはみんな、「わが道」とは「自由」のことだと思った。

ところが、道というからには、すでにだれかがつくったもので、「わが道」など最初から存在しないのである。それを自分のものだと思いこんでいたが、じつは、ほかの人が、ほかの人のためにつくった道なのかもしれない。

これは日本人だけでなく、アメリカ人も、自分だけのマイウェイがあると思いこんでいたようだ。そこを行くものだとばかり考えていた。しかし、考えてみれば、そんなものはあるはずがないのだから、自分で進もうとしたら、道なきところを自分で切り開いていくほかない。

迷ったり、平らだと思ったら穴ぼこだらけだったり、転んだり、いろんな事故にあいながら、そこから這《は》い上がって、また進んでいく。そうやって、自分が歩いてきたあとに、道ができているのだったら、それこそ「わが道」である。

道というからには、すでにだれか人が通って、踏み固められている。だから、目を閉じても安全に歩けるようになっている。一方、道なきところを進むのは、たいへんな努力を要する。だが、そうやって進まないと、「わが道」をつくることはできない。しかも、歩いたからといって、確実に道ができるとはかぎらない。

人間は元来、道なきところを行くように生まれついているものである。途中で失敗しても、少しぐらいなら大丈夫なように、強くできていた。けれども、それを学歴社会がつぶしてしまった。もう一度、思い出す必要がある。

生きていくということは、職業として仕事をすることではなく、そこで生活をすることである。自分の足で、自分の責任で歩くことである。だから、どうしても努力と苦労が必要となる。

しかも、いくら努力をしても、道にならない場合のほうが多い。いくらかでも恵まれた人は、道を切り開いていくけれども、その道も、明るい未来に通じているとはかぎらない。

エスカレーターも同じだ。乗ったエスカレーターが途中で故障して、止まってしまうこともある。運よく終点までたどりついたとしても、その先、道のないところを歩まなければならない。

親の職業が医者なら、医者のあとを継ぐことが、わが道ということになるかもしれない。そういう恵まれた人はむしろまれで、大部分の人は、道なきところを進んでいくほかない。

農家にしても、親の跡を継ぐことができるのは長男だけだ。次男からはあとは、農業をしたくても田畑がないから、放り出されて、一人で歩かなければならない。そうした次男坊が、発奮《はっぷん》して努力しているうちに、大きな力をつける。

そういう成功者にしても、数々の失敗をし、それを乗り越えて、歩きつづけたはずだ。その歩いたあとが道になっていった。

大部分の人は、歩いたあとが道にはならない。道なきところを歩いたとしても、ほとんどの場合、自分が歩いたあとは消えてしまっている。それが普通なのである。

失敗という財産

「道を行く」人は、恵まれた人である。登ることのできる階段がある人も、恵まれた人だ。しかし、エスカレーターに乗る人は、恵まれているというより、学歴偏重の社会の中で、不自然にゆがめられてしまった人というほかない。

エスカレーター人間は、努力して道なきところを歩いてそのあとが道になった人とは、力において、まったく比較にならない。

いまのところ、優秀な人はみなエスカレーターのほうに流れているから、歩いたあとが道になる人は、ごくかぎられている。しかし、志《こころざし》ある人は、あえてエスカレーターを拒否し、リスクを承知のうえで、自分だけの道を切り開いていこうと努力する。

歩いたあとが道になるというのは、大きな成功をおさめた人の例で、一般的には、あとかたもなく消えてしまう。そうした人間の人生は、エスカレーターで自動的に上がっていく人生と比較はできないけれど、それでも、道なき荒野を苦労して歩いた一生というのは貴重である。

貴重というには、いまの学歴社会ではあまりにも危険すぎる選択ではあるが、途中から勉強をほったらかして、エスカレーター探しにばかり熱中しているのも、お粗末な人生だ。

同じエスカレーター人間でも、昔の人はそんな浅ましいことはしなかった。卒業間近まで勉強をしていた。

いまのエスカレーター志望者は、それに乗ることが人生の目的だと思っているから、勉強などそっちのけで就職活動をする。企業もそういう人間を雇わざるをえないのだから、たいへんである。

後進国といわれる国には、まだエスカレーターが完備していないので、足で歩く力のある人がたくさんいる。ところが、日本はみなエスカレーター人間養成所に通ってしまっている。自分で歩くことなど考えたことがないから、失職したら、たちどころに困りはてるにちがいない。

能力のある人なら、発奮して、大きな仕事をすることもできる。むしろエスカレーターの見通しがなくなってくれば、たとえ少数でも、そういう人は出てくるはずだ。

学校で勉強したことは、社会ではほとんど役に立たない。役に立つのは、勉強したかどうかの資格審査があるエスカレーターの入り口のところだけである。そのときに成績がよければ、前に出してもらえる。

立派な大学を出て、成績が優秀であれば、いいエスカレーターにうまく乗れる。みんな、それだけを目標にして、勉強しているようなものだ。

しかし、そこで勉強したことなど、長い一生の中で見れば、ほとんど役に立たないことばかりである。

逆説的になるかもしれないが、エスカレーターに乗ることでも、入学試験でも、失敗した経験というのは、大きな財産になりうる。

ぼんやりとしか目標にしていなかったものに失敗すると、とたんに自分の目標がはっきりとすることがある。落ちれば、たいていの人はそこでいやでも考える。考えて、新しい発見をすることもある。これは貴重な機会である。

それに対し、ぼんやりしたままでパスした人は、「自分は絶対に××になりたい」ということをほとんど考える機会もないまま、エスカレーターに乗っかっていってしまう。これぞ、わが世の春、とばかりに。

いま日本人がもっとも嫌っているのは、「落ちる」ということだ。入学試験に落ちる、就職試験に落ちる……。とにかく、多くの人は落ちることを頭からおそれ、極端に嫌っている。これが日本人を弱くしているということに気づくべきである。

落ちることを恐れず、いろいろなことに挑戦すべきなのに、落ちることを恐れるあまり、そこで停滞して、適当なところで妥協《だきょう》してしまっている。この程度なら行けそうだからこの学校を受けよう、とか。

つまり、失敗を少なくすることがいいことだ、という考えが支配している。現代の社会はどこも、失敗を恐れ、成功を喜ぶという流れが強い。

しかし、失敗をしないで、小さな成功ばかりに安住していては、もっている能力を発揮することはできない。

人間の能力の可能性は生まれたときが最高潮で、年をとるごとに減少していくものだが、失敗を経験するなら若いうちである。若いときの失敗で大きくぐっと伸びる可能性もある。

そうした意味でも、いまの家庭の教育力に、疑問を抱かざるをえない。

家庭は攻撃されるのを極度に恐れていて、わずかでも批判されると、過剰に反発する。教師もそこを恐れて、なにもしない。マスコミも家庭批判をほとんどやらない。

いまの家庭が反省すべきことは、自分たちのやっていることが正しいと思う気持ちが、行きすぎているところだろう。

たとえば、こどもが泥んこになって遊んだりするのは、いいことであるのに、それを極端に嫌う。泥んこになると、それによってある種のバイ菌には触れるけれど、そのことで免疫力がつくから、ちょっとしたことで病気になったりはしなくなる。

いまの家庭は、いいことばかりをやろうとしている。それが、こどもにとって理想的な環境だと思っている。しかし、いいことばかりやっていると、悪いことに弱くなる。

ある種の危険は、次の安全に向かっての大事な訓練である。危険を知ることをなくして、安全であることは不可能である。

Ⅲ

直観的思考力

――マイナスだから強くなれる

こどものすごい能力

こどもは、生まれてからほんのわずかな期間で、自分の頭の中に、ほぼ完全な個人的文法のようなものを独力で構築する。命令されたわけでもない。頼まれたわけでもないのに、自分の判断力で、まちがったものを捨て、正しいものだけをとりいれ、わからないところは自分で補い、自分なりの用法をマスターして、それを駆使するようになる。こうしたすごい能力を、たいていのこどもは、生まれながらにもっている。

人間の能力の可能性がもっとも高いのは、生まれてから四十ヵ月のあいだだといわれる。まわりの大人がかなりいい加減なことばづかいをしているのに、赤ん坊から三歳ぐらいまでのあいだに、こどもはその場にふさわしいことばを自分で判断し、区別しながら使えるようになる。

まだ、知識もなく、ろくに話せないから、質問して覚えるということはできない。だから、まわりの大人の話し声を聞いて、自分の頭で考えて覚えるほかない。親はこどもに、ことばを聞かせる。聞かせてはいるけれど、教えようとして聞かせているわけではない。親に教える意図がないから、こどもは苦労して、自分でことばを覚えなければならない。

「きょうはああ言っているけれど、ちがうんじゃないか」

次にまた同じことがあると、

「やはり、どうもこれが正しいらしい」

「やっぱり、これでいいんだ」

そんなぐあいに、自分で覚えていく。

日本語の場合、主語はときどきなくなることがある。一方、欧米で育つこどもは、主語はかならずなければいけない、といったことを、教えられもしないで覚えていくのである。

こどものまわりの大人は、けっして文法に沿ってしゃべっているわけではない。きわめて適当にしゃべっている。おそらく、こどもは四十ヵ月くらいのうちに、おびただしいことばを聞いているだろう。雑然たることばを聞いているだけなのだが、こどもはそれを頭の中で整理し、組み立てていく。

このあいだまで「ごはん、食べる」と言っていたのが、あるころから、「ぼくは、ごはんを、食べたい」と言えるようになる。

文法を意識しないから、自分がどういう文法をもっているかわからない。けれども、自分の文法と異なった文法の人がくると、「ちがう」と感じる。

関東のこどものところに関西の人がきてしゃべると、自分の頭の中にある文法と照らし合わせて違和感を覚え、「へんなことを言っているな」と感じたり、おかしいと感じたりする。

なにごとも知識として知っていれば、考える必要はない。しかし、こどもはまだなにも知らないから、自分の感覚や経験をもとに、「これでいいのか」といちいち疑問を抱き、「これはこうだろう」と判断し、「やはり、そうだ」と結論を出しつつ、ひとつひとつのことを覚えていく。

日本語の文法を自分でつくれといわれたら、大人なら途方にくれるだろう。しかし、九〇パーセント以上のこどもは、生まれながらの判断力と直観的思考力でそれを構築し、自分を取り巻く環境に対応していくことができるのである。

この能力のすごさは、大人が外国語を勉強してみれば容易に認識できる。どんなに努力し、何年かけても、外国語を完全にしゃべったり、聞き分けたり、書けたりできるようにはならない。

赤ん坊は生まれたときのゼロの状態から、日本のことばを覚える。日本人のこどもでも、英語圏で暮らしていれば英語をしゃべるようになるし、韓国語が話される環境にいれば、韓国語をマスターする。あらゆる言語を理解できる能力をもって生まれてくるのである。

なぜそんな短期間に、言語という複雑なものをマスターできるのかについては、いろいろなことがいわれているが、実際のところは、まだよくわかっていない。

こどもはこのようにして急速に力をつけていくのに、大人は「こどもはなにも知らない」と思いこんでいる。

天賦《てんぷ》の才

人の能力の中でも、記憶力は比較的長く残っているが、それ以外の感覚的な能力は、使わずにいると、しだいに失われていく。

自転車に乗るにしても、実際に乗ろうとして何度か転んでいるうちに、足の使い方や転ばない方法を身体で覚える。そのうちに、自然に乗れるようになる。

大人になると、そうした対応力が落ちてしまう。乗り方についての知識がいくらあっても、なかなか乗れるようにはならない。だから、こどもはほんの一日か二日で乗れるようになるのに、大人になってから自転車の乗り方を覚えるのはたいへんである。

三歳ぐらいまでは嗅覚《きゅうかく》がよくきくけれど、においでものを判断する能力は、早くに衰える。いまのほとんどの人は、すこしぐらい離れたところのにおいはわからない。犬などは、前に自分が通ったところも、においで覚えている。そうした能力は、人間からすっかり失われている。

犬ほどではないにしても、人間も生まれたばかりのころには、いろいろのにおいを嗅ぎ分ける力をもっている。これが、大人になるにつれて退化し、いいにおい、いやなにおいくらいしか嗅ぎ分けられなくなってくる。

手ざわりにしても、いまの人間にはあまり必要とされないから、触覚がかなり衰えている。目が不自由になると、手ざわりが必要になってくるので触覚がよみがえって、鋭敏になってくる。

聴覚も、普通の人はあまり真剣に聞く必要がないからどんどん衰えてくるが、生まれつき目が悪い人にとって耳は重要な感覚器官なので、大人になっても鋭い聴覚が残っている。しかも、よく使うため、一般の人のように衰えることがない。たんに遠くの音が聞こえるだけでなく、AとBの足音のちがいを聞き分けて区別できる。本来はだれにでもあった能力なのである。

赤ん坊のときはとくに音に敏感で、耳で聞いただけで、母国語をマスターする。その能力を大人が大事に育てようとしないから、だんだんと衰えていくのである。

「十で神童、十五で才子、二十歳すぎればただの人」

昔の人はそう言った。これは特定の人のことを言っているのではない。ごく普通の人について言ったことばと解釈することができる。つまり、十歳の子はだれでも神童なのに、それから五年たつと、せいぜい普通よりややいいくらい、二十歳をすぎれば普通の人になってしまう、ということである。

ただ、「十で神童」の前の十年間を、昔の人は無視していた。人の能力は、本来、その十年間、ことに最初の四十ヵ月のあいだがすばらしいのに、まったく養育しようとしなかった。それはいまも同じだ。そこから先は、人間の能力はどんどん先細っていくばかりである。

生まれてきたばかりのわが子が、その子の人生において、最高の力をもっている時期であることに、多くの親は気づこうとしない。赤ん坊はなにもわからないものだと思いこんでいる。だから、なんの疑いもなく、親のそばで育てている。お乳を与え、病気をさせないように育てれば、それで親のつとめは果たしたと思っている。

この誤った思いこみのために、人間はどれだけ損をしてきたかわからない。

もって生まれた天賦《てんぷ》の才が、本当の「天才」である。生まれたときは、ほとんどのこどもが天才的であるが、その才は、生まれてからほんのわずかしか続かない。その間に、大事に育てないばかりでなく、自分の勝手でよけいなことを教えようとする。

天才といわれる人には、直観的思考力が残っている。それをつぶさないように育ててやれば天才になる。ごくごくわずかでしかないけれど、大人になってもまだ天才といわれる人が、いろいろな分野にいる。

この人たちは、あとから天才になるのではなく、はじめから天才だったのである。たいていの場合、それを、なにもしなかったり、よけいな知識を教えたりして、つぶしてしまっている。

たまたま幸運に恵まれて、それがつぶされないで残った場合、五、六歳のときから才能を発揮し、十歳ぐらいでいわゆる天才と称されるようになる。十五歳ぐらいで世に現れるようになる。

実際に天才として活躍するのは、十五歳から長くて三十歳までである。けれども、その後はどんどん先細りする。三十歳を超えてもなお天才でいつづけるのは、とてもむずかしい。多くの場合、かつて天才だった人を天才といっているにすぎない。

たとえば音楽にしても、いまはヴァイオリンとピアノくらいしか教えていないけれど、こどもにはもっと新しい音楽をつくりだす能力がある。それを、ある種の音楽をテレビやラジオで聴かせるから、こどもはそういうものだけが音楽だと思ってしまう。本来のこどもの能力からすると、もっと新しい音楽を発明する可能性があるはずなのに、それをまわりが、よってたかってつぶしてしまっている。

知識のジレンマ

人間の能力の発達の歴史からすると、学校へは、天才的な能力が落ちかけたときに入ることになる。さらにまずいことに、そこでは特別なことしか教えようとしない。ことばについていうと、「文字」しか教えない。

こどもはそれ以前に、「聞く、話す」ことばを習ってきているが、ことばの能力というのは、特定のこどもにだけあるわけではなくて、だれでもがもっているものである。しかし、先生のほうがそこを理解できていないため、うまくいかない。

その能力を放っておいて、初等教育では、まだできない読み書きばかりを教えようとする。耳で聞いてしゃべることなど、だれにでもできるから、と考えたのだろう。「聞く、話す」ということは教えようとしない。

ヨーロッパではわりとこどもの「聞く、話す」を大事にはしているようだが、学校教育ではやはり読み書きを中心に教える。読み書きを中心にするから、小学校ではもっぱらみんな教科書を読んでいる。先生自身、口で説明はするけれども、それより教科書に書いてあることが大事だ、と思っている。

そこに、「知識」というものが登場する。つまり、先生は、教科書や本に書いてあることを知識として覚えさせるのが教育だ、と思いこんでいる。その結果、こどもがせっかくもっていることばの能力を、磨くどころか、埋もれさせてしまっている。

常識的には、学校へ行けば行くほど高い教育を受けた人、といわれる。だから、だれもが無理してでも大学まで行こうとする。

官庁とか、企業とか、そういった組織のメンバーになるには、有効な手段かもしれない。しかし、学校に長く行けば行くほど、人間らしさが失われて、かたよった人間になるおそれがある。

ものごとを考えることがおもしろいのに、学校では、むしろこどもを考えさせないようにして、知識だけを教えこんできた。

学校が悪いわけではない。よくないのは、学校教育のあり方である。知識をつめこむことが教育だと思いこみ、よい点をとったこどもがすべての点ですぐれていると判定してしまうのがいけない。

人間として社会生活を営むうえで、人の名前や地名などを読めなければ困る。そうした最小限度の常識や知識は、だれもがもっていないと都合が悪い。そこで、そういうものを身につけることを義務づけようとした。そうしてはじめられたのが、義務教育である。

江戸時代にも、社会生活を営《いとな》むために必要なものとして、「読み、書き、そろばん」を教えていたが、義務教育ではなかった。

義務教育としての小学校は、日本では明治五年（一八七二）からはじまっているが、アメリカではじまったのもその二十年ぐらい前からで、大差はない。それまでは教会で日曜学校を開いたりしていたが、学校教育はなかった。

おもしろいことに、大学は何百年も前から存在した。いまのように小学校、中学校、高校といった学校はなく、入学希望者は直接、大学へ入った。そのうちに、だんだんと直接大学に入るのは無理だということになり、その下に、中等教育機関ができ、予備的な知識をそこで学ばせるようになった。

しかし、中等教育にしても、一般のこどもたちが急に行くにはちょっと高度すぎる。中等教育より下の初等教育が必要だということになって、日本でいう小学校ができた。まず、大学があって、その下へ予備的な学校ができたのである。

現代はその考え方にいまだに引きずられて、大学はいちばん大事なことを教える学校であり、下の学校はレベルの低いことを教える場所だと思っている。

実際は、ことばの発育をはじめ、知的能力は生まれたときが最大で、それから先は、年齢とともに落ちるのである。

脳の能力を、小学生のころと大学生のころとで比較すると、後者のほうが発達しているように思われている。しかし、それは知識の量だけのことで、頭はすでにおとろえ、幅広い分野には対応できなくなっている。

そこで、ごく限定された分野を専門と称し、そこだけの詳細な知識を頭の中につめこんで、それを高等教育といっているにすぎない。正しくは、専門知識教育というべきだろう。

専攻とは、ある一部分を専門的に学習することである。だから、法律家は法律以外のことはまるで知らない。医学者は医学のこと以外はほとんどわからない。部分的、局所的な知識の集積になっている。

　その分野においては、小学校や中学校のこどもではとてもおよばないけれど、人間全体の頭の働きからすると、小学校のときのほうがはるかに幅広く活動している。

　いまの学問とは、知識を記憶する作業が主である。だから、学校へ行っていると、しだいに記憶人間になっていく。記憶によって知識が増えると、新しいことがあらわれても、記憶している知識で判断していけるから、自分で考える必要がなくなる。知識が増えれば増えるほど、自分の頭でものを考えなくなり、当然の結果として、自分で考える力は衰退する。

　小学生にはそれほど知識がないから、新しいことに遭遇したときには、なんでも自分の頭で考えなければならない。ところが、大学へ行けば、ある専門の分野に関しては細かいところまで知識があるから、それを使って問題を解決するようになる。

学歴社会の落とし穴

こうした傾向は、十八世紀ごろからヨーロッパでおこってきた。農業とか製造業などの生業《なりわい》ではなく、医者、弁護士、役人など、特殊な専門知識を必要とする職業をプロフェッション、つまり専門職業といった。大学とは、そうしたプロを養成するところだった。

かつては農業、漁業、職人など、一般の人々のほとんどが自営で仕事をしていた。それに対し、専門知識でもってどこかに雇われる人たち、いまでいうサラリーマン的な職業人が、当時の社会では優位にあつかわれるようになった。

したがって、そうした専門家を養成する大学も、社会的に有力な機関と見なされるようになる。

近代になり、一般の人たちもしだいに豊かになってくると、上のほうから教育をはじめることの不合理さに気づきはじめる。能力的にも、こどものころから徐々に衰えてくることがわかってきた。そこで、なるべく早くから教育をはじめようという風潮がおこり、初等教育が始まった。

本来はもっと早い時期から教育をしたかったのだろうけれど、赤ん坊のときは、一人で先生のいるところへは行けない。いちいち親がついていくこともできない。そこで、こどもが歩いて通学できる年齢になるまで、学齢を上げる必要があった。こうした事情はどこの国も同じで、就学年齢はほぼ六歳ぐらいである。

そして、大学しかなかった時代とは逆に、小学校のあと、中学校へ行き、さらに学力があれば高等学校、さらに大学へと、下から上がっていくシステムに変わった。

そのために、上に進むにつれて学力が上がり、だんだんと知識が増えて偉くなっていく、と考えられるようになった。われわれもいま、その時代にいる。

大学の教師は、小学校の教師より重要な教育を担当していると思われている。ところが、こどもを主体に考えると、できるだけ早い時期にもっとも大事なことを教えなければならないのに、年齢が上がって能力が落ちてから高度なことを教えるという、逆のシステムになっているのである。

土台のところをまちがえると、いくら努力を重ねても、上へは正しく伸びていかない。人間としてもって生まれた能力も、最初の教育をまちがえると、うまく伸びるどころか、かえって目減りしていく。

記憶によって特殊な知識を増やすことに価値がある、というのがいまの社会通念である。だから、そうした知識を与えてくれる学校を出ていなければ価値がない、という考え方がまかり通っている。

いま、とりわけ不幸なのは、学校でそうしたまちがった考えにもとづいた教育を受けることで、人の能力がせまく、細くなってしまっていることだ。

中学校（旧制）が義務教育ではなかったころは、碁《ご》とか将棋、あるいは芸術・芸能など、いわゆるプロの技を身につけようとする人たちは、小学校より上の学校には行かせてもらえなかった。上の学校に行ってよけいな知識をつけると、技が伸びないと考えられたからである。

絵描きにしても、昔は、学校へ行っていたら一人前の絵描きにはなれない、といわれていた。

そうした芸術的、技能的分野では、学校教育の弊害《へいがい》を経験的に知っていて、いまでもかろうじて学歴偏重でないところが残存している。しかし、一般人のレベルでは、学校に長く通えばそれだけ頭がよくなる、という思いこみが蔓延《まんえん》している。

二十歳近くになれば、生まれたときの才能も何分の一か減ってしまっているのだから、大学に行って知識だけつめこんでも大した意味がない。そうしたものに時間とお金をかけるのは、たいへんな知的浪費である。

むしろ、なにもしなければもっと伸びるかもしれないものを、わざわざ苦労して弱めてしまっていることがすくなくない。

日本のいまの学歴社会では、大学を出たほうが有利である。この常識を急にくつがえすことは困難であろう。だから、みんな無理しても大学に行く。けれども、仕事をする場合、ほんとうにそれは有利に作用しているのだろうか。

大学を出た人は認めたくないだろうが、大学を出ないで社会へ出て仕事をした場合と、大学まで行って社会へ出て仕事をした場合で比較してみると、前者のほうがよいこともある。

たとえば、本田宗一郎《ほんだそういちろう》とか松下幸之助《まつしたこうのすけ》といった人は、学歴といえるものがない。この人たちがもし大学を出ていたら、あれだけの仕事はできなかったのではないだろうか。独力で新しい仕事をはじめて、一代で世界的な企業に成長させるということは、大学を出た人では無理だろう。

学校を出ていない人は、知識が不足しているので、ことを為すのに苦労をする。けれども、天賦の能力がつぶされないまま残っているところが多いから、いったん動き出すと、目ざましく伸長する。

こども集会所

いまではすっかり死語になったが、「総領の甚六《じんろく》」ということばがある。「長男はボンクラ」という意味だが、頭が悪いわけではない。

こどものときにもっていた能力がどんどん衰えていくのは、大人のほうが対応しきれていないからである。赤ん坊は「あー」とか「うー」とか言うだけなので、それに対してどういうことばを使っていいかわからない。そこで、赤ん坊と一緒になって、「ばー」とか「おー」とか言っているだけ。これではこどももことばを覚えようがない。

昔の人は子守歌を歌って聞かせた。大人は赤ん坊を寝かしつけようとして歌っていただけだが、こどもからすれば、メロディーをともなって聞こえてくるので、普通にしゃべっていることばより、ずっとわかりやすい。そしてその次には、おとぎ話のようなものを聞かせるようになる。

いくら赤ん坊のすぐ近くでも、大人同士がしゃべっていることばは、あまり役に立たない。赤ん坊は大人同士の会話も、自分に関係ないとはわからないから、耳をそばだてて聞こうとする。ところが、子守歌やおとぎ話と大人の会話とでは、ことばづかいがずいぶんちがうから、赤ん坊は理解するのにとても苦労をする。

ことに「総領」、つまり最初のこどもの場合、親は赤ん坊のあつかいに慣れていないから、あまり赤ん坊に話しかけたりしない。こども中心にことばを話すようにすればいいのだが、若い親には要領がわからない。

その結果、こどもにとっては刺激のすくない状況となる。そのため、最初に生まれたこどもは、ことばだけでなく、全体的に能力が目ざめなくなりやすい。それで「総領の甚六」などといわれるようになる。

最初のこどもに対しては十分な刺激が与えられていないから、赤ん坊は覚えたくてもできない。

これが二番目のこどもになると、上にこどもがいるので、こども同士のコミュニケーションもあって、その子に適した刺激が与えられる。三番目の子はもっと有利だ。

昔から、こども同士の交流が大切だとは、ある程度はわかっていた。真ん中の子は、両方からの刺激があるから、能力も鍛えられる。ところが、いまは少子化の時代で、たいていの家庭はこどもが一人か二人しかいない。二人いても、年齢が離れている場合、どうしても知能の発育がおくれがちになる。

そこで、こどものための集会所、クラブみたいなものがあるといい。一人しかこどもがいない場合、一日のうちの何時間かはこどもだけで遊ばせるようにすれば、能力は上がっていくだろう。

いま、保育所と幼稚園とを一体化していこうという話があるが、教育に関する基本的理解がおくれているから、小手先だけの細工になりやすい。

それより、十人ぐらいの人数でこどもの家をつくり、そこで勝手に遊ばせておくほうが、こどもの能力という点では、ずっと好ましい環境となりうる。

いじめの問題も、こどものときの共生経験、こども同士で一緒に遊んだという経験が不足していることと無関係ではないだろう。

いまの少子化の最大の問題は、マイホーム主義だ。こどもを自分の家の中に囲いこんで、大人が一生懸命に世話をすれば、いい子が育つ、というまちがった考え方からは、できるだけ早く脱却しなければならない。

簡単にはいかないけれど、まずは試験的にでも、こども同士で触れ合う時間をつくるのが望ましい。朝から晩までは無理としても、せめて一日のある時間だけでもこども同士をいっしょにしてやれば、こどもは多くのことを学ぶことができる。

パブリックスクール

こどもの育成にとって、もっともすぐれた環境は家庭である、という考え方が常識とされてきた。親がこどもをかわいがって育てるのは、どこの国でも同じかもしれない。

ところが、過保護とか甘やかしすぎとかということがあって、経済的に豊かな家庭ほど、こどもの育つ場所として望ましくないところはない、ということもできるのだ。

かわいがり方によっては、こどもはかえってだめになることがあるらしい。そういうことを、人類史上はじめて気がついたのはイギリス人である。こどもはなるべく早い時期に親から離して育てるほうがいいのではないか、と彼らは考えた。

イギリスの裕福な家では、こどもが幼いうちから家庭から離し、プレパラトリースクールという小さな塾に入れる。その上にパブリックスクールがあるので、いわば中学校へ行くための予備校のようなものである。

多くても二十人ぐらいの小さな塾で、年齢は多少ばらついているが、ほぼ同年代のこどもたちだ。プレパラトリースクールはたいてい夫婦で経営していて、二人で全教科をみていることが多い。

それから、パブリックスクールに入学する。基本は男子校だが、日本でいう中学・高校に当たる、名門学校が多い。ここでも生徒は家族から切り離され、寮でハウスマスター（寮監）と暮らす。寮監の家族が一緒に住んでいる。

ひとつの学校にいくつかの寮があり、何十人か単位で生徒をあずかっている。学校はむしろ生徒が家庭ばなれしないのを怖れる。生徒たちはそこで六年間を過ごす。

パブリックスクールを卒業すると、大学に進む。パブリックスクールの行き先はオックスフォードかケンブリッジに決まっている。ほかの大学へはほとんど行かない。オックスフォードもケンブリッジも学生は寮生活が原則である。

つまり、イギリスの中流以上の家のこどもの多くは、五、六歳ぐらいから大学まで、ずっと家庭から離れて暮らすことになる。

パブリックスクールは、十九世紀からイギリス人が誇りにしてきた教育制度である。ここでの教育によって育成された人間が〝ジェントルマン〟といわれた。〝ジェントルマン〟は、大学を出た人をいうわけではない。パブリックスクールの教育を受けた人、のことである。

パブリックスクールでは、同じ年代のこどもたちが共同生活をする。勉強のほかスポーツをやった。

よその国では、小さいときから家庭から離して教育するという考え方は、不自然だと思われていた。とくに対照的なのがドイツのギムナジウム（中等学校）である。通学制で、ここでは勉強だけしかしない。ヨーロッパ大陸では、ドイツ式の勉強中心の学校が主流である。

イギリスでは、こどもを家庭から離した教育法の学校はそれまでもあったが、十九世紀になって新しい教育思想によって寄宿学校がスタートした。

パブリックスクールのひとつ、ラグビースクールで、サッカーの試合中、熱中した一人の少年が、ボールを抱えてゴールに突進しはじめた。もちろん、サッカーでは反則である。ところが、それもおもしろいではないかということで、手も使える別のボールゲーム、ラグビー・フットボールが生まれた。

学業だけでなく、スポーツにも力を入れ、寮での共同生活によって人間性を総合的に鍛えることを目的としたパブリックスクールの成果があがるのは、三十年ぐらいたってからである。つまり、十九世紀中ごろになると、すぐれた人間としての〝ジェントルマン〟が生まれた。〝ジェントルマン〟といわれるのは名誉である。

〝ジェントルマン〟ということばが日本に入ってきたのは、十九世紀の後半である。これを「紳士」と訳したが、一般の日本人にはなんのことかわからなかった。わけもわからず紳士を使い、洋服屋がイギリス式の服を紳士服といったくらいが日本人の理解の限度だった。

「家庭から離れて育つ」というところは、一般からすればよくないことだろう。家庭のほうが子育てには適しているのではないか、とみんな思っている。

イギリスの事情はこうだ。

十八世紀末からの産業革命によって、イギリスの社会全体がにわかに豊かになり、中流化した。そうした時代背景の中で、豊かになった家庭の弊害が目立つようになったのだろうか。贅沢《ぜいたく》を求めたり、親が甘やかしたりする。その結果、家庭の教育力が低下したのである。子育てがうまくいかない家庭がふえた。

そういう家庭に代わって生活教育をするのがパブリックスクール。パブリックスクールは家庭に代わって、それ以上の教育をした。

第一次世界大戦のとき、イギリスでも戦争に行きたくなくて、兵役《へいえき》を回避しようとするものがたくさんいた。そんな中で、パブリックスクールの生徒たちは、

「われわれはふだん、社会から恩恵を受けている。それに報いるのはこういう国難のときである」

と言い、年齢をいつわってまでして兵役を志願し、戦地におもむいたものもいた。兵

士としての経験がない若者がいきなり前線に立ったから、たくさんの若者が死んでいった。

それまでは特権階級の教育だと冷たい目で見ていた一般の人からも、以後あたたかい目で見られるようになった。

箱入りこども

昔のことわざに、「かわいい子には旅をさせよ」というのがある。昔の旅はいまの旅行とはちがい、つらくて、危険な、できればしたくないもののひとつだった。そういう時代に、あえてこどもに旅をさせるのは、世間の冷たい風に当たる経験が貴重だからだ。つまり、このことわざの裏には、こどもを家庭の中だけにおかないで、外に出したほうがこどものためだ、という考え方がある。

「他人の飯を食わなければ一人前になれない」ということばも、同じような意味合いである。このように、こどもを育てるのが家庭だけではよくない、という考え方はかつての日本にもあったのだ。

ところが、戦後の日本も高度成長して、社会全体が中流化して、母親が高学歴になった。子育てに関しても一定の見識をもち、各家庭でいろいろなことが試みられるようになった。家庭の教育に対する意識が高まり、親はこどもをいい学校に入れ、学力、成績について強い関心をいだくようになった。

ところが、これも、あまりうまくいかないケースが出てくる。ことに少子化になってきて、こどもが一人か二人しかいないとなると、世話が行き届きすぎるようになる。

箱入り娘ならぬ、「箱入りこども」化した結果、こどもがいじけたり、いじめがはびこったり、いろいろな弊害がおこってきた。

そこで、家庭だけでずっとこどもを育てるのは、あまりいいことではないという考えがあらわれはじめたが、家庭を怖れて口にするものはない。

もちろん、なんでも昔のほうがいいというわけではないが、かつては、自分の家に近所のこどももいたりして、こども同士、一緒にガヤガヤやっていた。こども同士の生活というものがあった。〝箱入りこども〟はあまりいなかった。

他のこどもとまじって遊ぶことがすくないこどもは、どこか発育不全になる。少子化のいまは、ほかの人間と触れ合いの経験が欠けるようになりやすい。「親はなくとも子は育つ」というが、母親が忙しくてこどもに手をかけていられないときのほうが、むしろよかったのではないか。「親がないほうが子はよく育つ」のではないか、そういう反省も出てきた。

経済的にゆとりができて、自分もある程度の教育を受けている親は、知識に対する関心の高さから、こどもの勉強などにうるさくなる。それがこどもの成長にとってマイナスに働きやすい。

いじめの問題にしても、小さいときにこども同士がもっと触れ合って、ケンカなどをしたり、じゃれ合ったりしていれば、相手は自分とはちがうということが早くわかる。昔は、小さいときにケンカをしていたから、大きくなってからは、あまりひどいケンカはしなかった。限度をわきまえる。あるところでやめる。あまりひどいことをやると仲間から「やめろ」の声がかかる。

こどものグループにはガキ大将がいた。ふだんは知らん顔をしているけれど、いざというときには出てきて、仲裁役を果たす。履いている下駄を脱いで、それで相手を叩《たた》いたりすると、素手でなぐるのはいいが、物を持って叩いてはいかん、とたしなめる。

こういうことは親もしない。こども同士のケンカに親が出ると、「こどものケンカに親が出た」といって、恥ずかしい思いをさせられた。

親の言うことはきかなくても、ガキ大将の言うことは、よくきいた。こどもをめぐる多くのトラブルは、先生が出る前におさまっていた。

年上のこどもは、知恵をもっていた。「松の木の枝には乗ってもいいけれど、椎《しい》の木の横枝に乗ると折れるぞ」などと言った。

われわれがこどものころは、川で水遊びをした。川は流れているので、渦《うず》を巻いていたりする危険な個所がある。そういうところも知っていて、「あそこに行くと、カッパにヘソを抜かれる」などと教えた。こどもなりの経験から生まれた知恵である。水の事故はほとんどおこらなかった。

当時はどこの家庭も貧しく、親はこどもにかまっていられない。しかも、こどもがたくさんいて、親の手にあまる状態だった。

自然にこどもだけの生活の場というものができていた。家庭が半分とすれば、外の原っぱで近所のこどもたちと遊ぶのが半分あった。その中で、おのずから社会的なルールのようなものを身につけていったのである。

群れで生きる

国策によって少子化をすすめた最初の国は、中国である。人口が多すぎるのに困った末の思いきった政策である。それが思いもかけぬ弊害を生じているらしい。ああいう国のことでよくはわからないが、失敗だったのだろう。

たとえば小学校に入ってから、教師の手に負えない、目にあまるこどもが多くあらわれた。困ったことに一人っ子は、両親と両方の祖父母から大事にされるため、六つの財布を持っているといわれ、どうしてもわがまま、贅沢になる。がまんができない。

日本も、経済的に裕福になり、こどもの数も減ったことから、家庭がこどもを囲いこむようになった。「箱入りこども」がふえた。「あの子は汚いから遊んじゃダメ」とか、「あの子のお母さんは嫌いだからいけない」とか、大人の勝手な判断で排除するため、昔のような遊び仲間がいなくなった。

家庭が小学校に入るまでの主たる教育の場であるが、いまの家庭がこどもにとってプラスになっているとは思えない。

少なくともゼロ歳から二、三歳までのこどもにとっては、ほかの子と、芋《いも》を洗うような環境で一緒に遊ばせることがたいへんいいことである。親はなるべく手を出さないで放っておくのが望ましい。


家庭からこどもを離すとこどものためにならない。わけもなくそう思っているのは母親であろう。「かわいい子には旅をさせよ」という昔の人がもっていた知恵は、いまは通用しない。

少子化のいま、幼稚園に入るまでのあいだ、こどもは家庭だけにいて大丈夫なのだろうか、という疑問をもつほどこどものことを考える人はすくない。できれば、乳幼児院のような場所で、一日に何時間かは、こどもだけですごさせることが必要なのではないだろうか。

いろいろな家庭のこどもを一緒にしておけば、ときにケンカもするだろうが、よほどのことがないかぎり大人は手を出さないようにして、だまって見ている。すると、こどもには、自分とまったくちがう考えをもった他者がいて、どうすればどうなるかといったことやさまざまな知恵を自然に身につけていく。

ゼロ歳児からの共生経験の大事なことは、猿の実験ではっきりしている。

何匹かの子猿のうち、一匹だけを群れから隔離して、檻《おり》の中で大事に育てる。ある年齢に達したところで群れに戻す。すると、この猿は遊びやケンカのルールを知らないから、ほかの猿とちょっとしたことでもひどいいさかいになり、本気で相手に噛《か》みついたりする。

群れで育った猿たちは、小さいときから噛んだり噛まれたりして育ってきたから、相手を傷つけるような噛み方はしない。檻の中で大事に飼われていた猿は、手心を知らないから、群れの中に入るととんでもない噛み方をする。またたくまに群れのメンバーからはずされてしまう。

これは、群れで暮らしている動物を一匹ずつ育てることの弊害であるが、人間も社会的動物の一種であるから、似たことがおこる可能性は大きい。人間は特殊な動物で、一人で育ってうまくいっているケースが多い。けれども、すくなくとも小さいときには、こども同士で過ごす時間があるだけでも、かなりちがってくる。

マイナス経験

いまの若い世代には、傷つきやすい人が増えている。幼いときなら、あくる日には忘れてしまっていることでも、〝箱入り〟で育つうちに抵抗力が弱くなっていくから、なかなか忘れられなくなる。とりわけ二十歳ぐらいになってから受けた心理的ショックをいつまでも引きずって、あげくにノイローゼになったりする。

いつもまわりのちょっとしたことが気になるというのは、こどものころに共生の経験がないままに大きくなってきたからかもしれない。

小さいときに傷つく経験をしておけば、精神的に強くなる。免疫《めんえき》力がつき、大人になってからでも、ちょっとのことでは傷つかない。これが、小さいときに心理的にも皮膚感覚的にも傷つけられた経験がないと、大人になってから、些細なことにも、大きなショックを受けやすい。

昔のこどもは、生傷の絶える間がなかった。どこでどうしたかわからず小さなケガをする。あるいは自分で失敗してケガをしただけではなく、仲間とケンカをしてつけられた傷も少なくない。そこを乗り越えると、そのうちにあまりケガもしなくなり、してもがまんできるようになる。

いまの家庭は経済力があるし、こどもの数は減少していて、極端な高望みさえしなければどこの学校にも行ける。その意味では、とても恵まれた環境であるけれど、その反面、人間的にはひ弱になり、がまんすることが苦手になっている。

親がかわいがるだけでは、こどもは強くならない。ある程度、悪い刺激の中で鍛える部分がないと、精神的な強さは育たない。ときに傷つけ合ったりする環境の中で育てば、たくましくなっていく。

昔の人が「若いときの苦労は買ってもせよ」と言ったのは、苦労という一種のマイナスの経験が人間の成長には必要だということを知っていたのである。いつもプラスの条件だけの環境では、強くなれない。

二十代になってから強くなろうとしても、思いや気持ちだけでは、どうにもならない。ネガティブな経験が不足している人にとってもっとも有効な手だては、おそらくスポーツをすることだろう。それも、チームでやるスポーツがよい。

とくにサッカーのように、相手とぶつかり合って勝とうとするスポーツでは、かなり心理的なはたらきも必要になる。また、チームの中でうまくはたらくためには、適応性が欠かせない。

名選手というのは、ただ技がすぐれているだけではない。チームの中にうまく溶けこんで、お互いの信頼関係の中で、自分の力を発揮する。

イギリス人は、チームスポーツによって、指揮・統率の能力を養い、他方では服従のコツを体得する。

最近の社会人は、上司からちょっと注意されると、すぐ会社を休んだり、行けなくなったりする。「負ける」という経験をあまりしてこなかったのである。学校で普通の勉強をしているだけでは、いくらしても、たくましい心を育むことはできない。

スポーツも勝負ごとだから、勝つこともあれば負けることもある。試合で負ければ、やはりおもしろくない。負けた悔《くや》しさをバネにして、「次はがんばるぞ」ということになる。こうした勝ち負けをくりかえしているうちに、技だけでなく、精神力もたくましくなっていく。

スポーツのいいところは、決められたルールの中での勝負なので、負けても、次にがんばれば取り返しがつく点だ。負けるというマイナス経験をすることで、人間として強くなり、苦境を乗り越えたときの喜びを味わうこともできる。

ミス、失敗、不幸、災難といったマイナスの経験を、なるべく早いうちにしておいたほうが、長い人生にとっては有益である。年をとってからの災難は、悲惨《ひさん》で、いい結果になることがすくない。

堂々と負ける

知識だけを教えるいまの教育では、マイナス経験を積むことはできない。だいいち、学校は失敗そのものを好まない。恵まれた家庭の日常生活でも、失敗とか負けるという経験はあまりする機会がない。アマチュアスポーツの利点は、堂々と負けることができることだろう。ここに最初に気づいたのはイギリス人であった。

All work and no play makes Jack a dull boy.《オール・ワーク・アンド・ノー・プレイ・メイクス・ジャック・ア・ダル・ボーイ》というイギリスのことわざがある。勉強ばかりやっていたらだめになる、スポーツもやれ、ということ。

イギリスがほかの国の人々から一目置かれたのは、スポーツによってつちかったフェアプレイの精神があったからである。ルールをきっちりと守り、ずるいことはいっさいしないのがフェアだ。

狩猟をするときも、枝に止まっている鳥を撃つのは、フェアではないとされる。枝に止まっている鳥を撃つのはダマシ撃ち、いったんなにかでおどして飛ばしてから、撃つ。当たらなくても、それがフェア。たとえ人が見ていなくても、これを守る。

ゴルフでも、自分で採点する。日本のゴルファーは、人が見ていないところでスコアをごまかすことがあるといわれて、評判が悪い。ゴルフが日本に入ってきたとき、イギリスのフェアプレイの精神まではついてこなかった。

ラグビーは元来のフェアプレイ精神で、あれだけ激しくぶつかり合いながら、試合が終わると、ノーサイド（試合が終われば敵味方なし）を宣言する。なんともいえず、さわやかだ。

「負ける」という経験は、実生活においてはあまり得られないし、失敗や不幸がそんなにあっても困る。スポーツならこれを何度もくりかえすことができ、容易にやりなおすことができる。それを通じて、人間性を高めることができるのだから、おもしろい。

スポーツというものを、われわれはなんとなく軽視しているところがある。家庭でも、学校でも、社会でも、スポーツの効用を十分に認識していない。

技や力を競う競技は、どうしてもプロ化しやすい。日本の柔道も、世界的になってすっかりプロ化してしまったため、スポーツとはいえなくなりつつある。プロ化すれば、アマチュアはどうしてもプロに勝てない。

オリンピックももとはアマチュアスポーツの祭典だったのが、スペインのサマランチがＩＯＣ会長になってから、急速にプロ化していった。そうした傾向に反対する力が十分でなかったため、いまのオリンピックでもプロとアマの区別がなくなった。オリンピックの名が泣く。

人間を成長させるもの

イギリスからはじまったスポーツが多いのは、イギリスが寒いからだという説がある。じっとしていると寒いから、とにかく身体を動かすことを考える。その結果、いろいろなゲーム、遊びが生まれた、というのである。

寒冷地では、生きていくうえで暖房器具は欠かせない。身体を動かすことも暖房の一種といえるが、人間は暖房器具をつくるために頭を使い、その結果、文明、産業が発達したともいわれる。産業革命はイギリスからおこった。

イギリスや北欧諸国の人たちは、温暖な国、雪の降らない国の人々を信用しない、という。あまりものを考えず、苦痛に弱いと思っている。雪も降らない温暖な土地では、人間はのんびりする。極寒というものを経験しないから、苦難を耐える精神にも欠ける。

日本も、西洋によく知られていなかった明治はじめのころまでは、地図の上ではわりと南に位置しているように見えるため、温暖な国だと思われていた。それで後《おく》れた国だと思われていたらしい。日本にも豪雪地帯があるということを知るや、にわかに日本を文明国としての資格があるように考えはじめた、というのだから、おもしろい。

明治時代、日本はヨーロッパの国々と不平等条約を結んでいた。なんとか改定しようとしたが、なかなかうまくいかなかった。ヨーロッパの国々は、日本を野蛮《やばん》な国だと思っていたからだ。

ある国との外交交渉で、会議の休憩時間に、日本の外交官が席をはずして窓辺に行き、外の雪を見ながら、「わが国でも、いまごろは雪が降っています」というようなことをつぶやいた。

すると、向こうの人たちは、「日本でも雪が降るのか」と驚いた。降るどころか、世界でも有数の豪雪地帯があることを告げると、がぜん、日本に対する相手側の態度が変わってきた。雪の降る国なら文明国である、信用できる、ということで、条約の改定がうまくいった。誰かがつくった話かもしれないが、北欧の人たちの考え方がよくわかる話である。

南国の人たちは、裸同然の格好でも暮らせるし、食べ物だって苦労がすくない。人がふえても不思議ではない。しかも、それほど働こうとはしない。彼らは機械も発明しないし、生活の工夫もしない。する必要がないからである。

それにくらべて、寒いところの人は、ボンヤリしていられない。じっとしていたらこごえ死んでしまうので、とにかくよく働いて、生活を豊かにしなければならない。文明をおこさなければ、苛酷《かこく》な自然に対抗できない。自然に、勤勉で、堅実で、努力をするようになる。その結果、文化が発達し、経済力もつく。

たとえば、極寒の国アイスランドは食物事情が悪く、とくに野菜などがすくない。栄養的には恵まれているとはいえないけれど、ずっと世界の長寿国の上位を占めつづけている。


マイナスのものをどれぐらい経験しているかは、人間としての資質にも関係してくる。経済的に恵まれたところで、なに不自由なく育つのは、一見、いかにも幸せなように見えるが、必ずしもそうではないのである。

親からすれば、かわいい子に苦労させたくない。親のそばにおいておきたいと思うのが人情だが、昔の人は、ずっと家で育てることの弊害も知っていて、「かわいい子に旅をさせる」ことで、マイナス経験を積ませようとした。

ところが、経済的に豊かになる一方で、こどもの数が減少したことから、親心が甘くなった。なるべくかわいそうな目にあわせないで、恵まれた環境で育てれば、こどもの幸福になる、と思うようになってしまった。

ことに形式的な教育が一般に普及してくると、なにがなんでもこどもを学校に行かせたくなる。

こどもを大学に入れたのを、親は、こどものためにいいことだと思っている。しかし、それは「箱入りこども」をつくってしまうことになる。親子ともに不幸である。

「願わくはわれに七難八苦を与えたまえ」

戦国時代の武将、山中鹿介《やまなかしかのすけ》のことばとして知られている。彼は出雲《いずも》の戦国大名、尼子《あまこ》氏の遺臣で、毛利《もうり》氏に滅ぼされた主家の再興に努めた尼子十勇士の一人である。自分を鍛えるために、どうか七難八苦を与えてください、と祈願したというのだ。

七難八苦はともかくとして、いまの若い人たちも、多少のマイナス経験は、むしろ自分のためになるものだという認識をもつ必要があろう。入学試験や就職活動などは、マイナス経験を得るための格好の場と考えてよい。

自分の力に見合うかどうかにかまわず、自分が希望するところに挑戦するのだ。落ちるかもしれない。落ちたら、また挑戦……をくりかえしていくうちに、失敗を恐れない度胸《どきょう》がついていく。負けることにもめげない精神力がつちかわれる。その後の人生で、さまざまなトラブルがおこったときにも、それによって平然と乗り越えていくことができるようになる。

こうして考えれば、苦労や災難も、それほど憎いものではなくなる。「若いときの苦労」も、そんなにいやがることはない。

イギリスの歴史家トーマス・カーライルは言った。

「経験は最良の教師である。ただし、授業料が高い」

知識より経験のほうが、はるかにわれわれを助けてくれる。しかし、そこには、苦難や失敗などのリスクがつきものだ。

Ⅳ

独創は反骨力

――だれもやらないから、おもしろい

あぶない敵性語

みんながやることをやっても、たいていおもしろくない。ひとのやらないことをやるのは、それだけでおもしろい。

太平洋戦争がはじまる昭和十六年（一九四一）の春、私は旧制中学校を卒業した。点数がよければ、なんだって好きになる。英語の点がもっともよかったので、自分としては、将来は英語で身を立てよう、と思っていた。

ところが、そのころから英語に対する評判が悪化し、敵性外国語というのも出る。外国語をやるならドイツ語か中国語にしろ、という。中学校の先生も口にこそ出さなかったけれど、英語はあぶない、と思っていたようだ。

ことばのどこがあぶないというのかよくわからなかったが、親戚などからは、スパイのことばなんかやるとろくなことはない、卒業しても就職先はないぞ、と脅《おど》された。「就職口ならいくらでもあるよ」と反論した。「南洋の離れ小島には、灯台守《もり》がいなくて困っているところがいっぱいある。灯台守なら、いつだってなれる」

そんなことを言って、戦争がはじまる前、東京高等師範学校の英語科に進学した。自分としては物理も好きで、こちらを選択する道もなくはなかった。しかし、英語がだめだ、だめだ、と言われれば言われるほど、意地になって英語に傾斜していった。

学校では、学生より先生たちのほうが動揺していた。胸を張って英語を教える、という雰囲気ではなかった。できれば自分たちだってほかのことをやりたい、といった気持ちがありありとうかがえた。まず、これにも反発した。

専門家が世間の評判に動かされるとは、なんたること！　と先生を心中で批判した。教師がそんなありさまでは、生徒が腰をおちつけて勉強していられるわけはない。英語科には三十五名が入ったが、その年の十二月八日に太平洋戦争がはじまると、一週間ほどで五、六人が退学、翌春ほかの学校を受けなおす、といって予備校に移った。

これには、ややショックを受けた。ついこのあいだ入ってきたばかりなのに、戦争がはじまったくらいでやめるなら、最初から入らなけりゃよかったのに、と思った。

自分は絶対にやめないでがんばるぞ……実際にはそれほどがんばったわけではなかったが、意地を張って、まわりの空気にさからって勉強をしよう、と決意した。

それからも、一人、二人と同級生がいつのまにかいなくなって、昭和十九年（一九四四）にくりあげ卒業になったときには、同級生は十三名になっていた。三分の二近くが脱落した。

しかし、こっちにはべつの恩典もあった。教員養成課程の学生には徴集延期が適用されていて、すぐ戦争に行かなくてもよかったのである。

時の東条英機《とうじょうひでき》内閣が、戦後社会のことを考えて、修業途中の教員、医師志望者に対しては卒業まで徴集を延期するという方針を決めた。それで、われわれもその恩典を受けることになった。不思議なことに、「敵性語」を勉強しているわれわれにも、それが適用されたのである。

東京高等師範学校を卒業、東京文理科大学（のちの東京教育大学。筑波大学の前身といわれているが、まるでちがう旧制の大学である）の英文科に進学したが、一年後の昭和二十年（一九四五）三月には内閣が変わり、学生の身分のまま、軍隊に引っ張られることになった。

それでもさいわいなことに国外には派遣されず、国内教育だけで五ヵ月をすごして終戦を迎え、帰ってきた。

ところが、帰ってきたら、世の中がまるで一変している。だれもが「これからは英語の時代だ」と叫んでいるではないか。信念もないのだから、変わり身も早い。

戦時中の一年と戦後の一年半を大学で勉強したことになるが、戦争中も意地を張って英語を勉強していた連中が、アメリカの進駐軍のキャンプに行って、アルバイトをするようになった。当時のアルバイトとしてはいい収入になったらしく、なるほど、一種の英語時代の到来ではあった。

そんなわけで、多くの学生は授業に出てこない。大先生のクラスの出席者がたった二人ということもあった。

「アルバイトへみんなが行くなら、おれは行かない」

とうそぶいていた。

みんなが行きたがるから、よけいに行きたくはなかった。ロクに教養もない進駐軍の兵隊にこき使われるために、戦争中、いやな思いまでして英語を勉強したんじゃない——。

アルバイトの連中は、チョコレートなどをもらって喜んでいた。私もチョコレートは食べたかった。ちょっとばかり、うらやましかった。けれど、そのために奴隷《どれい》みたいなまねをするのは、がまんがならない。

「よし、同じ英語をやるにしても、アメリカのことなんかやってやるものか、イギリスのほうをやるんだ」

あまり論理的ではなかった。

学生の多くは、アメリカのほうを向いていた。それに背を向けて、イギリスをやる。イギリスにしても現代はいやだ。現代をやれば、生きているイギリス人に威張られざるをえない。まだ頭のどこかに「鬼畜米英」が残っていたのかもしれない。それくらいなら、いっそ、五百年前の中世をやろう……となった。

そこで、『カンタベリー物語』で有名な中世イギリスの詩人ジェフリー・チョーサーに挑戦することにした。

それにしても、中世英語というのは、現代英語とは別の世界である。当時の学生は、ほとんど読んでいない。いまのイギリスでも中等学校の生徒では、ほとんど読めないいだろう。それを、現代英語もろくに読めない日本人がやろうというのだから無茶な話だが、だれもやらないから、やりたくなる。

しかも、これがやればやるほどおもしろい。

先輩や教師からは、「そんな昔のことをやっていたら、化石のようになって、将来は困るぞ」と言われた。それを無視して黙々《もくもく》と勉強し、中世英語に埋もれながら大学を卒業したが、困ることはなかった。就職口は向こうからやってきた。

いきなり編集者

実は母校である東京高等師範学校の附属中学の英語教師の口がまわってきた。当時は全国的に知られる名門校である。だれもやらない分野に没頭していたのだから適任ではなかった。

そのうえ、これが、なんともおもしろ味のない学校であった。

高等師範学校、のちの教育大学の附属学校では、教育実習を受けている。正式の教師になる前の学生が、実際の教壇に立っておこなう実習で、当時は教育実習生のことを「教生」と呼んでいた。

附属学校の生徒たちは、完全に「教生ずれ」していた。教師をバカにして、言うことをまるで聞かない。生意気で、おまけに親たちが偉すぎた。大臣や代議士がいたり、大企業の社長がいたりする。

とにかくこの学校には幻滅した。自分のようなまだ若い教師が、こんなところで教えていてもだめだ、と思い、一年もたたないうちにやめる決心をした。

校長からはこんなことを言われた。

「この学校は天下の名門校だ、きみ。それを一年足らずでやめたら、履歴に傷がつく。思いとどまったらどうか。将来、困るぞ」

結局、あとさき考えずにやめてしまった。まあ、いいや。就職先がなければ、家庭教師のアルバイトをやったって、まだ若いんだし、なんとかなるさ、と気楽にかまえていた。

ある人から、「おまえ、これから食っていけないんじゃないか」と言われた。

「いや、アルバイトをして、おからを食っていればいい。どうってことない」

そのころはあちこちに豆腐屋があって、どこでもおからを売っていた。安くて、うまい。栄養もある。

このとき、一人だけ私をなだめてくれたのが、大学の恩師・福原麟太郎《ふくはらりんたろう》先生だった。「附属はどうもむずかしいです。ぼくのような若い教師には向かないようです」私の訴えに、耳を傾けてくれた。福原先生もかつて附属での教師をやったことがあるとかで、「きみは早く気がつきましたね」とほめられた。このことばはうれしかったが、早く気がつきすぎるのも考えものである。

やむなく、大学に戻って、研究科（いまでいう大学院）に特別研究生として籍をおくことになった。

二年して、福原先生から速達が舞いこんだ。私のことをよほどあわれに思われたのだろう。『英語青年』というりっぱな月刊雑誌の編集者をやらないか、とのお誘いだった。

急にそんなことを言われても困るのである。なにしろ私のやっているのは中世英語である。まして、編集のへの字も、校正のやり方すら知らない。さっそくとんでいって、「絶対に無理です」とあやまる。

福原先生もこの雑誌にかかわったことがある。そのころ、雑誌編集という職業はまったく人気がなかった。だが、引き受けるはめになってしまった。

三足のわらじ

雑誌編集といってもズブの素人《しろうと》だから、すこしばかり教えてもらったくらいでは、ラチがあかない。世の中はこわいもので、編集者が代わったことなどはっきりと書いていないのに、私が編集した号から急激に売れ行きが落ちはじめた。

前任者から引き継いだときの返本率（売れ残り）は、二割三分《ぶ》であった。それが半年たたないうちに、三割から三割五分。はじめのうちは笑ってごまかしていたが、一年ちょっとしたころには四割近くに達して、さすがに笑っていられなくなった。

責任をとってやめよう、と決意した。

しかし、こっちにも意地がある。売れないから、ただやめるというのでは、いかにも不甲斐ない。ここは、ひと暴れしてからにしよう。どうせ売れないんだから、とびきり変わった特集を組んでやろう。そう思いたった。

それまで、いろいろなことを言ってくる執筆者がいたが、執筆者は読者ではない、と無視することにした。ただ、読者がどういう人たちかさっぱりわからない。周囲に読者はなかなか見つからない。

だったら、自分が読者になればいい。雑誌ができたとき、それを自分のお金で二、三十部も買って、知り合いに贈れる、そういう雑誌をつくれば、自分の中にいる読者を生かすことになるのではないか。

考えあぐねた末に思いついた特集タイトルは、「科学文法と学校文法」だった。

いまでも「学校文法」はあるが、「科学文法」のほうは、ことばすらなくなっている。しかし、当時は、アメリカを中心に、科学文法というのがはやっていた。ようするに、言語学的英文法のことである。一方、学校文法は、本来の言語学からすると、実用的だが多少外れたところがある。

学問的な文法と実用的文法との比較、という分野は、当時の英語教師たちがひそかに気にしながら、教えてくれる人もいないものだった。かといって、いまさら人に聞くのも恥ずかしいということで、みんな黙っていた。それについて、二号にわたって特集を組んだ。

とたんに、一万部が飛ぶように売れた。当時の雑誌の表紙は本紙と同じような紙だったので、輸送中によく破れて売り物にならなくなった。その表紙の破れたのが、二、三十部ほど返ってきただけだった。返本率四割から、いっきょに事実上の完売になった。各地の書店から、追加注文を受けないのかといって苦情がきた。当時は、活版印刷で、印刷が終了すると、鉛の活字組版をバラしてしまう。いくら追加をつくれといわれても、組みなおすわけにはいかない。

そこで、次の号は部数を一万二千部に増やした。それでもほとんど完売の状態だった。おもしろいもので、それからはなにもしなくても、返本率一割台を維持した。

企画が当たり、会社側はニコニコ顔で、大学をやめてこっちの正社員になれ、と言ってきた。私は雑誌の編集をやるために、英語を勉強したわけではない。お断りしたが、仕事のほうはおもしろくなっていた。

教師をやりながら、結局、十二年ほど雑誌編集の仕事をつづけたことになる。これがまた、周囲の批判の的《まと》となった。

雑誌編集をはじめてから五年目、昭和三十一年(一九五六)、三十三歳のときから、国立の東京教育大学の助教授となっていた。つまり、教師をやりながら、中世英語の研究をし、その片手間に雑誌の編集までをやっているのはけしからんではないか。二足どころか、三足のわらじを履いて、なんたることか。研究者たるもの、ひとつことに専念すべきではないか、というのである。

ひとつのことだけでなく、いくつかのことをやったほうが、頭はよく働くし気分も新鮮になる、とかなんとか自分なりに勝手な理屈をつけて、かけもち生活をやめなかった。やめろと言われたからやめる、というのは性分に合わない。もっとやれと言われたら、やめたくなったかもしれない。

三足のわらじ生活では、さすがに困ったこともあった。英文科の教師としては、論文を書かなければならない。論文がなくては教師としての資格に欠ける、という思いから、なんとしても論文を発表しなければいけないとは考えていた。しかし、雑誌の仕事をやっていると、そのヒマがない。

もうひとつ、書けない理由があった。明治時代からの風潮だが、外国のことをやっているものは、その国の権威と称される人の本を読んで、それを二つ、三つミックスし、あたかも自分の考えであるかのようにして発表する、というのが伝統のようになっていた。ただ自分で考えて、「これはわが説である」とやっても、それだけでは受けいれてもらえない。剽窃《ひょうせつ》まがいの論文のほうが尊ばれた。そうした時代、というより風潮は、いまも大差ないだろう。

そんな常識に対し、大きな違和感があった。そんなものは論文でもなんでもない、一種のまやかしではないか。自分の頭で考えたテーマ、研究でなければ意味がない、と思っていた。

そう思ったら、とたんに金縛《かなしば》りにあって、なにも書けなくなった。これにはまいった。こちらはどんどん後《おく》れるばかりである。

留学はしない

そのころ、周囲はこぞって、アメリカ留学を志向しはじめていた。

終戦直後、日本は、アメリカのガリオア資金（占領地域救済政府資金）によって、食糧や医薬品などの援助を受けていた。その一部が、アメリカへ日本からの留学生を受けいれるための資金に使われていた。一年間、渡航費用から現地での学費や生活費も支給されるというものである。

この制度は十年ほど続いたが、その間、二、三千人は留学しているのではないか。私の周囲でも、大学の教師になった人はほとんどガリオア留学生になっていた。

当時はみんなが貧乏していた時代である。とくに研究者はお金がない。こういうチャンスがあれば、という人が多かった。留学生試験もそうとうの競争率だった。

しかし、これに対しても、私は素直に乗る気はしなかった。

留学するのはいい。しかし、戦争中、敵国だと思っていた国に行って、頭を下げてまで教えてもらいたくはない。会話だって満足にできないし、支給される生活費にしても、アルバイトなしでは生活できないくらいだ。そんなみじめなかっこうで、アメリカまで行く必要があるのか。

自分はあくまでも敵性語である英語をやったのであって、いまさら留学して仲よくしましょう、なんて気持ちにはなれない。だいいち留学生試験を受けるのもいやだった。

アメリカへ行って不自由な生活を一年、二年やったからといって、人間が変わるはずはない。日本にいて、普通に生活をし、仕事や研究をしていればすむものを、アメリカまで行って、慣れない英語をしゃべって、慣れないものを食べて、健康を害して帰ってくる人もいた。

当時の渡米は、もちろん船だ。しかも、初期のガリオア留学のころは、貨物船の船底に押しこめられて行ったという。そのうちにだんだんと上のほうになったが、やっと客船になるころには、一般の旅行者は飛行機で行けるようになっていた。

そういう苦労までして、自分の学問が進歩するならいい。しかし、いささかの箔《はく》がついて就職などに有利になるかもしれないが、かんじんの勉強はそれほど進歩しない。

日本の研究者が書く論文といえば、外国人の書いたものを訳したり、外国人の説を、言いまわしを変えただけで借用したりするものがほとんどだった。それも、外国文学だけでなく、日本の文科系の分野では、多くがそうしていた。

たとえば英文学なら、向こうの学者は日本語が読めないのだから、正々堂々と意見を闘わすためには、こちらが英語で論文を発表しなければいけないはずである。ところが、英語で発表しない。

日本の外国文学関係では、現地の言語で発表された論文はほとんどない。逆にいえば、日本語でなにを書いても、外国人には読めないのだから安心である。盗作に著作権侵害が露見する機会もない。無断借用のツギハギ論文でも、日本の学界では論文として通用する。

周囲が留学になびくなか、ひとからはとうてい理解されないような理由をつけて、一人だけ留学しないという方針をとった。

自分は外国の文化として英語や英文学をやったのだから、日本にいなければならない。イギリスやアメリカへ行けば、純粋な外国人ではなくなってしまう。日本にいて、遠く離れているからこそ外国文学なのだ。

頼まれもしないのに、よその国のことを研究するからには、彼らができないことを、見いだしていかなければならない。それは、外国から見ているからできることであって、その国に行ってしまえば、その国の権威から教わったのでは、その国の研究から一歩も踏み出すことはできなくなる。それくらいだったら、外国人がわざわざ研究する意義はなくなってしまう――。

しばらくしたら、国文学の友人まで、「みんな外国へ留学するのに、どうしてきみは行かないのか」といくらか心配して聞いてきた。こんなことを答えた。

「きみらだって、平安朝に行ったことがなくても平安文学を研究しているじゃないか。平安朝に生まれ変わらなければ『源氏物語』を読めないなんてことはない。現代にいて研究するから、価値があるのではないのか」

不惑の惑い

そのころ、菊池寛が「編集者は三十五歳まで、それ以上やるものではない」というようなことを書いていた。

二十八歳から四十歳まで、雑誌編集と学校のかけもちを十二年間やっていた。三十五歳を超えること、すでに五年である。これ以上長くやっても雑誌のためにもならないし、だいいち自分がだめになってしまう、と感じた。

雑誌の売れ行きは、さいわいかなりよかった。会社側からは、「出社におよばず。在宅で編集してもかまわないから」と慰留された。その前から、正社員になれと何度も誘われていたが、学校とのかけもちがけっこう居心地がよかったのだろう、断りつづけた。だが、菊池寛のことばで、このままでほんとうに、自分のためになるのだろうか、と思って、即座にやめる決心をした。

このときも、あとさきのことはなにも考えていなかった。ただ、このままではだめだ、勉強しなければならない、という気持ちだけが強かった。断固としてやめる決意であった。会社も、周囲も、なぜやめると言い出したのかわからない。聞かれても、自分でもはっきりしたことは言えなかった。

「とにかくやめたくなりましたから、やめます」

ちょうど四十歳で、あっさりと雑誌編集の仕事から足を洗った。

そのあとどうしたかというと、じつは、やることがなかった。

雑誌の仕事というのは、とにかくあわただしい。とくに一人だから、忙しいことこのうえもない。一方、学校のほうはいたって簡単である。だから、仕事が学校だけになったら、ヒマでヒマで、することがなくて困ってしまった。

いま考えても、人生の中で、そのころがいちばんのピンチだったと思う。

出版社からの収入がなくなったから、経済的にもラクではなくなったが、そんなことはどうでもいい。困ったのは、時間があまって、どうしようもなくなったことである。

なにか新しいことをはじめなければいけないとは思ったが、だからといって、なんでもいいというわけにはいかない。しばらくして急に思いついたのは、「焼き物をやろう」。

理由がいい加減というか、単純というか、バカげている。小学生のとき、焼き物が好きな先生がいた。図工の先生だが、いわゆる図画も工作もあまりやらず、授業でも焼き物ばかりやっていた。こどもには焼くまではいかないが、粘土細工をやらせていた。

一風変わった先生だったが、その先生がろくろを回している姿が、なぜかすごく好きだった。こどもごころにも、いつかあの先生みたいにろくろをひいてみたいな、と思った。しかし、ろくろに触れる機会もないまま、四十歳になるまで忘れていた。

すっかり忘れていたことが、不意によみがえってきたのである。

勤めていた東京教育大学には芸術学科がある。私の教える英語のクラスに出ていた人で、その後、芸術学科の陶芸の講師になった人がいた。

「焼き物を教えてください」

「それはすばらしい」とまではいかないまでも、色よい返事くらいはもらえるかと思っていた。ところが、ニベもない。

「それはよしたほうがいいですよ」

ろくろ回しは、感覚が鋭敏な十代からはじめても、十年はかかる。二十代からでもちょっと遅すぎるくらいだ。まして四十からなんて、とてもムリです。やめたほうがいい、というのである。焼き物を甘くみるな、というのだろう。

「それはそうかもしれないけど、どうしても、いまやりたいんですよ」

強引に頼みこんで、なんとか手ほどきを受けることになった。学校には、陶芸実習の教室にろくろ場も、窯《かま》もあった。しかし、陶芸をやろうとする学生は、あまりいなかった。

ほとんど人がいないところで、ばらばらにやっていてもおもしろくない。そこで、陶芸をやっている学生を集めてクラブをつくった。私が代表となって大学側にかけあい、陶芸研究会を認めてもらった。

学生たちと教え合いながらろくろをひいたり、徹夜で窯を焚《た》いたり、これはおもしろかった。

いまでも陶芸をつづけているかというと、じつは四年で挫折《ざせつ》した。学校で、みんなでやっているときはいい。学生はどんどん卒業していくのに、教師の私だけいつまでも教室でやっているわけにはいかない。

それに、ろくろ回しの技術は焼き物の中ではほんの初歩的な部分で、それほどのことではないこともわかった。

焼き物のおもしろさは、ものをつくっていくさまが、指先で実感できる点だ。絵でも、書でも、工芸でも、なんらかの道具を使って描いたり、つくったりしていく。ところが陶芸は、自分の指が触れるだけに、つくるのが直接的である。人間のもっている原始的な喜びが感じられる。

それは、原稿を書くときとはまったく違った感覚で、焼き物にくらべたら、文字を書くことなど、ものをつくる範疇《はんちゅう》に入らないかもしれない。本物のものづくりというのが、これほど具体的に、感覚的にわかるものは、ほかにない。

反常識の株式投資

株を買いだしたのは、雑誌編集の仕事をはじめてから、しばらくたったころだった。

私を〝へそまがり〟と言った学生がいる。へそがまがっているかどうか知らないが、人がやることは、あらいざらい、やらなかった。人がやらないことばかりを、やってきた。意識的に人のやらないことだけをやろうと考えていたわけではないけれど、あまり常識的な生き方ではつまらない、とは思っていた。

いまはさかんに定年後のことが論じられるようになった。しかし、当時のサラリーマンは、定年後のことなど、ほとんど考えていなかった。だから、定年後の生き方も知らなかった。収入がなくなるということを、ほとんどの人は切実に考えてはいなかっただろう。

そのころは、年金制度もいまほどはっきりしてはいなかった。退職金をあてにして生きるのも、おのずと限界がある。まわりを見ても、定年後に二度目の勤めをはじめた人でもせいぜい五、六年、まず十年とは続かない。

いまより平均寿命が短かったが、そのかわり定年の年齢もいまより若かった。当時の平均的な退職金の額では、定年後を生きるためにはかなり不安があった。まわりのサラリーマン、先輩教師などを見ていると、定年になると、口では悠々自適などと言うものの、とたんに元気がなくなってしまう。その原因は、どうもお金の問題らしい。そこで、いまのうちからお金をためておくにはどうしたらいいかを考える。

結局、株ぐらいしか思いつかない。

現在でも、学校の教師が株式投資をするのは、あまり感心したことではないと思われている。当時はいま以上に、きわめて危険だと考えられていた。なにより下品である。

教師のような堅い職業の人間が手を出すべきことではない、とされていた。

そういう雰囲気の中での冒険である。株を買ったなどということがバレたら、それこそ袋叩きにあう。極秘中の極秘。銀行にあった、たった十三万円ほどの預金を全部おろして、証券会社の支店に行った。

あらかじめ、買う銘柄は決めていた。そのうちのひとつは、自動車会社の株だった。

そのころ、最初のマイカーブームがおこっていて、まわりのみんなが自家用車を買いはじめていた。同僚教師たちのうちでも新しがり屋はクルマを乗り回して得意だった。

当時、もっとも一般的な大衆車でも、三十万円ほどした。私には手が出ない。カネを借りてというのはいやだ。さいわい、学校の教師にはクルマが必要というわけでもない。

クルマは買えないが株なら買える。日産自動車の株を購入した。

そのころは百株単位で買えたから、二百株ずつ四銘柄、八百株買う。それでほぼ十万円ぐらいだった。ほかは、キリンビール、旭硝子《ガラス》などで、そのうちの二つは、いまだに売らないで保有している。

そのときの方針は、とにかく株価が十倍になるまでは売らない、というもの。高度成長期、株価は右肩上がりだから、へたに売らなければまず損はない。損をするのは、目先のちょっとした動静にとらわれて、売ったり買ったりをくりかえすからだ。少なくとも昭和の終わりぐらいまでは、そうであった。

その後も、お金が入るたびに、いろいろな銘柄を買い足していった。そう簡単に十倍になどなるものではないから、買う一方で、手持ちの銘柄ばかりが増えていった。それでも、ひところは総額で、投資額の五倍にはなっていた。

企業は成長のたびに増資をくりかえす。それに応じていれば、そのたびに含み益があがる。額面増資だから、たとえば時価三百円の株でも、五十円で新株をくれる。増資によって買い値が下がる。貯蓄と考えても成り立つ。

いまは、とてもそうはいかない。カケである。当時はある程度長期に保有していれば、損をした人はすくないだろう。運がよかったのである。

先手必勝の退職宣言

株投資によって、財産もすこし増えていた。生活も落ち着いた。経済的な裏付けがあれば、仕事でもなんでも、いつだってやめられる。さきざきのことを考えて躊躇《ちゅうちょ》するという必要もない。自分の意に沿わないことはやらなくてすむ。自分の思うとおりに振る舞うこともできる。

昭和三十一年（一九五六）から私は助教授になっていたが、昭和三十年代の終わりごろから、東京教育大学の筑波研究学園都市（茨城県）への移転構想が持ち上がった。冗談ではないと思った。

はじめこの構想には、大学内部でも半分近くの人が反対だった。教授会、学生のあいだで反対運動がおこり、昭和四十年代に入って入試が中止されるなど、騒動がいっそう激化した。

そんななか、昭和四十二年（一九六七）、大学の最高意思決定機関である評議会が、強行採決によって移転を決定してしまった。反対運動はやぶれたのである。私はその直後、学部の会議で発言した。

「来年の春までに、この学校をやめます」

これからさらに反対運動を盛り上げていこうとする人たちからは、当然ながら、非難の声があがった。敵前逃亡、裏切り者、と陰では言ったらしい。

「これまで移転に反対していたけれど、評議会決定をくつがえすのは、まず不可能。われわれは負けたんだ。負けたら、いさぎよく責任をとらなければならない。それが常識だ。

これまでも組合の諸君はことごとに反対していながら、それが通ってしまうと、別の問題でまた反対運動をやる。ああいうのは、よろしくない。反対運動に殉《じゅん》じて、この学校をやめる」

やめてどうするんだ、どこかあてはあるのか、と聞かれる。

「あてがあるからやめるんじゃない。行くところがなければ、ルンペン（乞食《こじき》）をするまでさ」

その数年前に、雑誌の編集をやめていた。私に株の余技があることを知らない同僚たちの中には、学校までやめてしまったら収入の道がなくなる、と心配して引き止めてくれた友人もいた。

「それには早計にすぎるのではないか。実際に移転するのは、まだずっと先の先だ」

筑波大学の開校は昭和四十八年（一九七三）、東京教育大学の閉校は昭和五十三年（一九七八）だから、あとで考えると、まだ十年ぐらいは学校も学生も残っていた。そんなにあわてふためいてやめる必要もなかったのかもしれない。

とにかく就職活動をしなくてはいけない。しばらくして、英文学の教師たちが集まる英文学会の全国大会があった。いつもはあまり行ったこともなかったくせに、わざわざ出かけていった。そこで知った顔を見つけると挨拶《あいさつ》のつもりで声をかけた。

「今度、学校をやめることになって……」

「で、これからどうするの？」

「とくにあてはない。これから職探しを始めるところ。いいところがあったら……。できれば近いところで。筑波より遠くては困る」

それから二ヵ月ほどすると三つの大学からうちにきてくれないか、との打診があった。自宅からもっとも近いところがお茶の水女子大学で、行くとすればそこしかない、と思った。

私がやめるとき、まわりは、そんなにやめ急ぐことはない、と忠告してくれた。しかし、移転反対を唱えながら残っていた人たちも、数年後には地方の大学に流れていった。結果的に、すぐにやめた私だけ、もっとも近い大学に移るのである。

こちらから頼んだことだが、異動に際しては、こちらから注文をつけた。ずいぶん勝手なことを言ったものだが、「いざとなれば……」という覚悟がある。平気で言える。「教授として採ってください」

教育大では助教授だった。同じ大学で教授になるには、同僚たちの内部選考で選ばれなければならない。そのためかデリケートで、とくに複数の候補者がいると、明朗性を欠く事態もおこって、みんなが憂鬱《ゆううつ》だった。

何度かそうした経験をしていたから、移る際に教授になっておけば、いやな思いをしなくてすむ。助教授ならいいけれど教授ではとらない、というならしかたがない。あきらめる覚悟だった。

お茶の水大の英文科はわりとすんなり了承したが、学部内には五十歳すぎの助教授が何人もいた。よそから助教授できて、四十歳ちょっとですぐ教授にせよなんて、というのであろう。難航してなかなか決まらなかった。

国立大学の教官が他の国立大に異動する場合、異動先の大学から、異動を申請する書類をもとの大学に提出しなければならない。それを「割愛願《かつあい》」という。

私の場合、すでに教授会でやめると宣言していた。だから、割愛願が年度末までに教授会に届かなければ、自動的に失職する。早く決めてもらわなければ、落ち着かなくて困る。

三月もあといくらも残らなくなったころ、学部長からお呼びがかかった。ドイツ文学の教授で、なかなかの人物である。

「このまま割愛願がこないと、職を失うことになるよ。次の教授会で、もう一年この学校にいさせてほしいと言えば、私がうまいことをとりなしてあげるから、そうしないかね」

学部長は勘違いしていた。私が失職したら困ると思って、そんな温かいことばをかけてくれたのだ。

「いえ、それはいけません。いったんやめると言ったものを、都合が変わりました、やっぱりもう一年いさせてください、なんて死んでも言えません」

「きみはまだ若いからそんなことを言うが、一年中断していると、年金とか退職金とかで大きな差が出てくるんだよ。悪いことは言わないから、恥ずかしいだろうけど、ちょっとがまんして……」

「失職してもかまいません。おからを食いますから」

このときも、おから説を持ち出した。学部長は思わずプッと吹き出し、そして、あきれ顔に変わった。

そんなやりとりがあった翌々日、お茶の水大から割愛願が届いた。「いまごろになって」と腹立たしかったが、ぐっとこらえた。

お膳立てをひっくりかえす

じつのところ、失職したら、おから生活どころか、外国へ行こうという考えがほぼ固まっていた。留学ではない。自分のお金で外国で生活をし、まわりを気にしないで勉強しよう、と。

むこうの学校に通って、現地の教師に教えを乞う、というのはいやだ。日本にいてはできないことをやろうと思っていた。

そのころには、すでに三百万円ほどの資金があった。イギリスに一年いても、百万円もあれば十分な時代だった。三年間はいられる。二年なら、もっと贅沢《ぜいたく》に悠々とすごせる。失職しても、こわいものなどなかった。大きな気持ちになれたのも、蓄えた金のおかげだ。

異動の可能性が小さくなるにつれて、外国行きの思いがふくらんでいった。それだけに、ぎりぎりのところで割愛願がきたときには、むしろおもしろくなかった。

さんざんじらせたあげく、せっかくのこちらの計画をふいにされてしまった、という気持ちが強かった。そんな気持ちを引きずって、お茶の水女子大学に教授として異動することになったので、この学校でなにかをしよう、という気すらおこらなかった。自分の勉強だけに専念していた。

このころから、英語だけでなく、日本語の勉強もするようになっていた。これもなにかと言われるものだった。

「英文学者をやっているくせに、どうして日本語に口出しするのか」

そう言われると、よけいにやりたくなる。あいにく、そういうことがおもしろい。『日本語の論理』という本を出した。

移って三年ほどたったころ、エレベーターで偶然会ったフランス文学の教授が、なにやら意味ありげな表情で、「ご苦労さまです」と言う。この人から、そんなことばをかけられる覚えはないぞ、と不審に思った。

すこし考えると、なんとなくわかってきた。どうやら次の学部長選挙に私を担ぐ人たちがいて、票がほぼ固まった。それをお人好しの教授が、つい私に洩《も》らしそうになってしまった、ということらしい。

学部長選挙まで、あと数日しかないというときだ。黒幕がだれかもすぐわかる。そのもとにとんでいく。

「まさか、学部長選挙にぼくを担ぐつもりじゃないでしょうね」

「いやいや、担ぐなんて。ただ、有力な候補ということで……」

図星だった。なにも好き好んでこの学校にきたわけではない。英文科の人たちに申しわけないと思ったから、おめおめきてやったのだ。

移籍してわずか数年、四十代後半の若造である。学部長などという厄介《やっかい》なものを背負いこまされるなんて、とんでもない。

「学部長をやれと言うなら、ぼくは即刻、辞表を書きます」

向こうはあわてた様子。

「もう日がないんだ。そんなことをされたら困るよ、きみ」

直前になって、担いだ相手に逃げられてしまったのでは、立場がなくなるだろう。しかし、いやなものは、いやである。妥協《だきょう》するつもりはなかった。

「悪かった。きみがそういう気持ちなら、すぐ候補からはずして、なかったことにする。わかった」

この人も、かなりの人物だった。ほとんど決まっていたことを、とたんにひっくりかえした。ほかの候補者を擁立《ようりつ》し、その人が学部長に就任した。私はこの先輩教授のさっぱりした男気にひかれる思いだった。これがきっかけで、のちには学内でもっとも親しい人になった。それとは別に、私のことが悪い評判になった。

「あいつにへたなことをすると、すぐ切れて、やめると言い出すから、気をつけたほうがいい」

そんなことのおかげで、この大学では、「長」のつく役職から免《まぬか》れることができたのは、大助かりであった。いや、たったひとつの例外があった。

それからしばらくして、人づてに、へんな噂が耳に入ってきた。

「外山は長にならないと言っているけれど、ほんとうは内職をやっていて、そのために役職名がついていると邪魔だから、逃げているんだ」

噂を流したのは、ある事務職員だった。原稿を書いたり講演したりするのをおもしろくないと思っていたのだろう。そう思われてもしかたがない。

ここはひとつ、役職を進んでやらなくてはなるまい。前に私を学部長にしようとした教授が、そのときは学長だったと思う。

「ぼくのことを、内職が忙しいから役職を避けていると言っている事務がいるらしい。それは誤解です。心外だから、役職につけてください」

自分から申し出た。

「みんながなりたがっているものは、やりたくありません。みんながやりたがらない役職をやります。附属幼稚園の園長はだれもやりたがらない。あれをぼくにやらせてくれませんか」

学長の渋い顔が、とたんにニコニコ。

「それはいい。幼稚園側も喜ぶ。自分から希望した人なんて、いままでに一度もいなかった」

こういうなりゆきで、長は長でも、幼稚園の園長さんになった。

雨傘園長

附属幼稚園の園長に決まった直後、日本英文学会の会長選挙があり、思いもかけず、私が選出された。これにはまいった。幼稚園のほうがさきに決まっていたし、こちらは自分から申し出た役職である。いまさら乗り換えるなんてできることではない。

先約を優先するのは当然だが、全国組織の学会の権威ある役職だ。それそうとうの理由でもないかぎり、断ったりしたら失礼にあたる。思いをめぐらせたが、断る理由が見つからない。困りはててしまった。

当時、なぜ私のようなものに白羽の矢が立ったかといえば、例の「敵性語」に関係している。前述のように、戦争中に英語を勉強する人はほとんどいなかったため、学会メンバーの年齢層に空白ができていた。私はたまたまその空白層のひとりだった。それで、お鉢《はち》がまわってきたのである。名誉でもなんでもない。

困りはてて某大学病院へ行く。旧制中学時代の後輩が医局にいた。もともと私には軽い喘息《ぜんそく》の持病があった。これをちょっとだけ誇大に見立ててもらって、「この症状では、とうてい激務には耐えない」という診断書を書いてくれ、と頼んだ。

「それは書けない」と言う。「ただ、悪化する可能性がある、となら書けるかもしれない」

「それでいい、それでいいから」

それを学会に提出して、なんとか就任を回避した。ただ、いったん選ばれたのにそれを蹴《け》ったというのは、学会はじまって以来の出来事だという。学会を侮辱《ぶじょく》したというので、かなり悪く言われたらしい。それで英文学会とはそれきり絶縁となった。

会長になりたがる人はたくさんいた。だが、人のなりたがるものには、なりたくないのが性分である。

人がやりたがらないことをするからこそ、おもしろい。

なり手のいない幼稚園の園長にはなったけれども、こどもと一緒にお遊戯《ゆうぎ》をするような、やさしい園長になりたかったわけではない。初日に、職員の前で宣言した。

「ぼくのことは雨傘《あまがさ》だと思ってほしい。雨が降ったらさしてください。天気のいいときは、どこにいるか放っておいていい。困ったことがおこったら、園長の名前を出して、園長がこう言った、と言ってくれればいい。ぼくが責任をとる。ふだん、なにごともないときには、傘がどこにあるかなんて、探さないでください」

ようするに、これといったことのないときは、ほっといてください。そのかわり、なにかあったら私の責任にしてくれればよろしい、責任をとる。というのが〝雨傘園長〟である。

出るのは週に一度、職員会議ぐらいだった。その席で、空茶《からちゃ》ばかりするのはいかにも殺風景でいけない。そのたびに上等な菓子を振る舞うようにした。それがおおいに歓迎されたのか、通常は任期三年のところを、五年もやることになった。

しかも、園長を引き受けたことで、実際にはなにもやらなかったのに、「やるときはやる人物」との評判を獲得し、かつ、園長をやっていたおかげで、ほかの役職を回避できた。

独断と責任

私が幼稚園でやった、ほとんど唯一《ゆいいつ》のことは、週休二日制を勝手にはじめたことだった。

大学のほかの附属学校では、小学校、中学校、高等学校の先生は、日曜以外、週の一日を研究日と称して、交代で休みをとることができた。実質的な週休二日である。ところが、幼稚園は、教員数がクラス数より一人多いだけ、その一人は教頭である。ほかのだれかが休んだら、先生のいないクラスができてしまう。

幼稚園だけ休みがとれない。先生たちはそれが不満らしかったが、長いあいだのことで半分は忘れていた。だが、教師がそういう気持ちで学校にきているのは、長い目で見たら、こどものためにもよくない。先生たちの不満を解消することで、よりよい教育をしてもらわなければならない。それも園長の重要な仕事だ。

小中高にくらべて不利な立場にいる、という職員の不満を解消させるのは、いたって簡単である。休めるようにすればいい。そこで、土曜日を休みにすることにした。

文部省の規則には、週六日と書いてある。土曜休日は法令違反にあたる。ほかの職員に累《るい》がおよんではいけない。だから、自分ひとりの責任において実行することにする。

そこでまず、臨時の保護者会を開いて、この計画を提案した。そのころ一般の会社では、すでに週五日制に移行して、土曜日は休みのところが多くなっていた。

「土曜日にお父さんは家にいるけれど、こどもとお母さんは幼稚園に行く。家庭団欒《だんらん》の時間を奪《うば》うことになります。幼稚園としても休みたい。どうでしょうか、みなさんのご家庭も、土曜日を休園したほうがいいのではないでしょうか」

保護者はみんな大賛成、先生たちも、とびあがって喜ぶ。

しかし、これは文部省の許可を得ていない、まったくの独断である。大学当局の許可はおろか、報告もないままだった。学部教授会にはかれば、つぶれるだろう。とにかく実験的にしばらく試行してみる、ということで、翌週からはじめた。

学部長も学長も知らないことだ。ところが、土曜日に事務職員が幼稚園に電話をしても、だれも出ない。どうも、こどもの影も形も見えないようだ。なんとなく様子がへんだ、というような噂がささやかれるようになったらしい。さすがに電話番もいないのはまずいかなと思い、交代で電話番として一人だけ出てもらうようにした。
「だれかになにか言われたら、園長が決めたことだから、とそう言ってください」と言っておいたが、だれもなにも言ってはこなかった。それ以上に問題化することもなく、一年がすぎた。既成事実ができたので、二年目もそのまま継続した。

そのうちに、幼稚園はこのごろ土曜日が休みらしい、という話が少しずつ広がった。知っている人はいただろうが、法令違反を指摘する声はなかった。

五年間して、次の園長に引き継いだ。後任の先生には、週休二日の件を、こう伝えた。
「これはぼくの一存で決めたことで、学内のしかるべき筋にもいっさい諮《はか》っていない。自分の責任でやってきたことだから、あなたには申し送りしない。やめてもいいし、つづけてもいい。つづけるのだったら、今後はあなたの責任になります」

彼はだいぶ悩んだようだが、結局つづけて、任期の三年を無事に終えた。これで八年ほどの実績が蓄積されたことになる。そこまでくれば、既成事実だと思った。その次の園長のときに、文部省から正規に戻せというような通達がきて、週六日に戻ってしまった。

十年近くつづいたことなのに、にわかに指導が入ったということは、そろそろ責任の所在があやふやになりかけて、学校側が責任を負わされたらたまらない、ということで、だれかが文部省に通報したのかもしれない。

ところが、六日制に戻ってわずか一年後に、今度は文部省が外圧に押されて、学校五日制を正式に導入したのである。国立の幼稚園にもそれが適用されて、私の時代に逆戻りである。

欧米諸国から日本人は働きすぎと指摘されて、外務省が、公務員の勤務時間を減らせばよい。なかでも教員がいちばんである、と言いだした。文部省としても従わざるをえなくなった、ということらしい。

やっていたときには、「文句があるなら、いつだってやめてやる」という覚悟、といってもわりと軽い覚悟だったが、あとで考えたら、かなりあぶないことをやっていたものだと思う。

ともあれ、文部省令にさきだって実施した週休二日は、ほとんどなにもしなかった雨傘園長がやった数少ないことの中では、おもしろいもののひとつだった。

自分の仕事をする

定職をもたず、自由業者として生活していけるのではないか、という自信のようなものがついたのは、七十歳ぐらいになってからであった。

お茶の水女子大学で週五日制が定着したころには、定年の六十五歳までまだ四、五年はあった。当時、定年後のことを考えると、先を見通せない閉塞《へいそく》感に、憂鬱《ゆううつ》でしかたがなかった。サラリーマンの宿命なのだろう。

世俗的に思われるかもしれないが、三十二、三歳のころ、勉強をつづけていくには経済的な裏付けが必要だ、という考えにいたった。あのころにお金のことを考えずにやっていたら、途中で思うこともできなくなっていたにちがいない。

定年を迎えるころになって、昭和女子大学から、大学院をつくるからきてくれないか、との誘いがあった。それを受ければサラリーマン生活はつづけられることになるが、かなり迷った。迷ったけれども、結局、断りきれなかったのは、自由業として生きていくことに自信がなかったからだ。

定年の六十五歳からあと何年ぐらい生きるかわからなかったにせよ、ものを書くだけではとても食べてはいけないような気がした。

昭和女子大の定年は、七十五歳だった。六十五歳から十年間は働くことができたが、三年を残して、七十二歳でやめた。そのときの決断の支えとなったのは、収入が皆無《かいむ》になったとしても、あと十年は大丈夫、という蓄えがあったからである。

もっとも、それは自分で稼いだものではなく、投資で稼いだ金である。

昭和女子大に移籍してからは、わりと時間があったからか、年齢のせいなのか、これからどのように仕事をしていこうか、ということが気になりだした。

考えていていつもたどりつくのは、いくら年をとってからでも、とにかく自分の仕事をしなければだめだ、ということだった。それも、若いときのようにただ勢いにまかせてやっていくのではなく、年をとったなりの仕事をしっかりやっていく必要がある、と思った。

そのための経済的な裏付けに自信がもてるようになった七十歳ごろから、やめる時期を考えるようになった。そして、定年までの三年を残して、教員生活に終止符を打つことにした。

それから、十年以上たつわけだが、六十歳ごろからの十年間とくらべると、ここ十数年のほうが活動的で、充実した人生となっていることに気づく。そうした充実感のため、七十代後半からは自分が年々年をとっているということすら、ときに忘れるようになった。

私のような性分の人間には、あまり真っ当なことはできない。はじめの教師生活も、教育大も途中でやめたし、ほかにもやめかけたことは何度かあった。これが普通の会社だったら、何回やめていたかわからないくらいだ。

そのたびに、やめたあとのほうがよりよい生き方であるというようにしたい、前より大きな成果をあげたい、という気持ちがおこった。早くやめたいのは、惰性《だせい》を打破したい、という思いであった。

我流は停滞知らず

学校の教師も、四十歳ぐらいまでは、ほとんどの人がなんとかある程度勉強をする。ところが、四十歳をすぎると、自分が進むべき新しい方向性をもっている人は、ほとんどいなくなる。あとは惰性である。

理科系の人はもっと早く、三十代の終わりごろから、自分の勉強がおぼつかなくなる。若いときは、自分なりのテーマをもってはりきっているけれど、いくらかものがわかってくるはずの三十代の後半になると、たいていの人は研究が形式的になってくる。なぜそうなるかといえば、よけいな知識がたまりすぎるからだ、というほかない。

人文系の人は最初から知識過多、役にも立たない知識を抱え込んでしまっている。それをこねまわして研究のように心得る。オリジナルなものを出そうとしても、知的メタボリックで身動きがとれない。

四十歳ぐらいになると、研究者として読むべき本は、だいたい読んでしまう。次の世代が読んでいる新しい本となると、時代がちがうためなかなか理解できず、若い人に及ばない。木が枯れるように、徐々に衰えていく。

私自身、四十年前に、このままでは大学の英文学科や英文科は消滅してしまうのではないか、という危惧《きぐ》の念を抱くようになった。当時、英文科はまだ人気があったが、志願者数は少しずつ減少し、しかも、入ってくる学生の質も年々落ちている。

口で言っているだけではいけないと思ったので、そのころ編集していた月刊『英語文学世界』の編集後記に、「この調子でいけば英文学科は大学から姿を消すだろう。三十年ぐらいのあいだにそうなる」と、予言めいたことを書いた。

それだけは避けなければいけない、という思いからだったが、これが物議を醸《かも》した。とくに英文科の教師から、なぜそんな厭味《いやみ》をいうのか、と悪く思われた。

ここ七、八年前から、現に大学から英文科が消えだした。いま「英文科」という看板を掲げている大学は、十校のうち一校ぐらいもない。どこも、「ヨーロッパ比較文化」とか「言語比較文化」というふうに看板をかけかえている。英文学という看板では、もはや学生が集まらなくなっているのである。

四十年前からこういう傾向はあらわれていたのに、英文科の教師たちはそれに目をふさいでいた。うすうす感じても認めたくなかったのだろう。

もともと英文科というのは、地方で文化的におくれている地域で、若い人に支持されていた。ところが、その人たちが英文科に見切りをつけはじめたのである。おそらく、日本が外国と近くなったからであろう。

地方の人たちも、どんどんアメリカやヨーロッパに行くようになった。その人たちが帰ってきて、やはり日本はいいところだ、と再確認するようになった。そうした人たちのこどもたちも、かつてのように英文科に夢を託すことがなくなってきたのは自然である。

そのころから、私は日本語や日本文化を勉強し、その方面の仕事をはじめるようになった。

中学生のとき、英語なんかやったら「将来、困るぞ」と言われたことばが、いまさらのように思い浮かぶ。やはり半分は当たっていたのである。

私は、自分の頭で考えて、その変化にまきこまれることなく、年をとることができた。自分で自分のことを考えたためである、と思っている。

著者略歴

一九二三年、愛知県に生まれる。英文学者、評論家、エッセイスト。お茶の水女子大学名誉教授、文学博士。東京文理科大学英文科卒業後、雑誌「英語青年」編集、東京教育大学助教授、お茶の水女子大学教授、昭和女子大学教授を歴任。専門の英文学をはじめ、言語論、教育論など広範囲にわたり独創的な仕事を続ける。

著書にはミリオンセラーとなった『思考の整理学』（ちくま文庫）をはじめ、『「マイナス」のプラス―反常識の人生論』（講談社）、『「人生二毛作」のすすめ』（飛鳥新社）、『失敗の効用』（みすず書房）、『考えるとはどういうことか』（集英社インターナショナル）、『日本語の作法』（新潮文庫）、『外山滋比古著作集』（全八巻、みすず書房）などがある。

思考力《しこうりょく》

二〇一三年八月　六日　第一刷発行
二〇一三年八月二六日　第二刷発行

著者　外山滋比古《とやましげひこ》
発行者　古屋信吾
発行所　株式会社さくら舎　http://www.sakurasha.com
東京都千代田区富士見一-二-一一　〒一〇二-〇〇七一
電話　営業　〇三-五二一一-六五三三　FAX　〇三-五二一一-六四八一
　　　編集　〇三-五二一一-六四八〇　振替　〇〇一九〇-八-四〇二〇六〇
装丁　石間　淳
装画　金井　淳
印刷・製本　中央精版印刷株式会社

ISBN978-4-906732-37-1